キムチの四季

ハルモニが伝える
韓国家庭料理の真髄

カン・スニ
〈訳〉チョウ・ミリャン

亜紀書房

キムチの四季――ハルモニが伝える韓国家庭料理の真髄　目次

秋の食卓

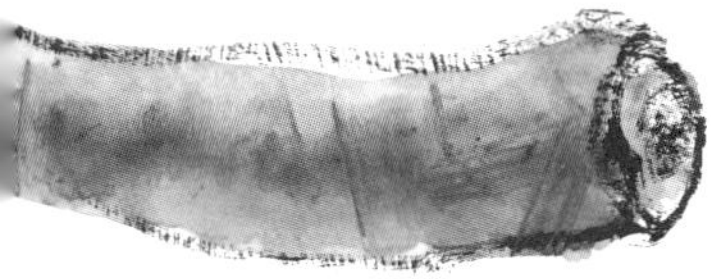

冬の食卓

宗家の定番

旧暦1月15日に食すナムル料理 292

四季折々の宗家の漬物 310

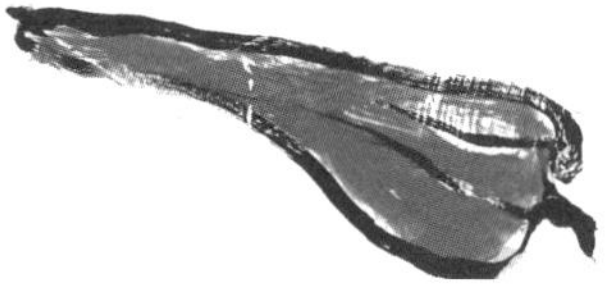

はじめに

「片手には棘を持ち、もう一方の手には棒を持ち、歳を取る道は棘で防ぎ、訪れる白髪は棒で叩こうとしたら、白髪が先に気づき、近道をしてしまった」という昔の詩があります。歳を取ることは、人間の力ではどうにもならないということでしょう。

　私は人生で最も華やかな24歳で嫁いできたのに、いつの間にか黄昏のときを迎えています。指先を唐辛子の赤に染めながら40年以上キムチを漬けていたら、白髪が1本、また1本と増え、気力も衰えました。「私も歳を取ったな」という気がします。今も1年に何千株もの白菜を漬けてキムチを作りますが、人生のほとんどをキムチを漬けることに費やしたからでしょうか、漬けた白菜を手に取るだけで適度な塩加減がわかるようになりました。24歳の幼い肩に載せられた宗家の嫁としての使命があまりにも重く、嫁いだばかりの頃は涙で枕をぬらしました。

　気前がよく料理も上手なことで有名だった姑は、「孝婦賞」に「素晴らしい母親賞」まで受賞した人でしたが、料理を教えるときは、今思い出しても厳しい虎より恐ろしい人でした。彼女も羅州羅氏宗家の24代目の嫁としてとても苦労したのでしょう。私を嫁として迎えるや否や「手先が器用だね。よくできているわ」とほめながら、キムチはもちろん漬物、餅、伝統菓子など、先代から継承されてきた羅家の料理法を伝授してくれました。宗家の大きな家計を早く譲りたかったのでしょう。私自身の母親も姑に負けないほど料理が上手だったので、基本料理の作り方は学んではいたのですが、宗家の生活はそれ以上に大変なものでした。

1年に訪れる何千人ものお客さまをおもてなししなくてはならないし、キムジャン（立冬の頃に行われるキムチを漬ける行事）の時期になると白菜キムチだけでも千株以上作らなければなりませんでした。また翌年まで食べるカラシナキムチ、大根の葉キムチなど何種類ものキムチ、５～６種類のトンチミ（大根で作る冬の水キムチ）まで、庭いっぱいのハンアリ（キムチなどを入れる大きい壺）に漬けこまなければなりませんでした。

それだけではなく、キムチを作るときに使うイワシのエキスに加え、30種類以上の塩辛にマツタケ漬け、なす漬け、カボチャ漬けなど、１３０種類以上の漬物も欠かせません。こうやって1年に２００種類のキムチを40年間以上も漬けていると、指先から指紋がなくなり、関節は勝手に曲がりました。

叱られたりほめられたりしながら学んだ料理のおかげで、嬉しいことに今や「キムチ女王」や「キムチ名人」と呼ばれるようになりました。そして２００年間継承されてきた宗家の味が詰まっているキムチと宗家料理の本を出版できることになりました。嫁いだ頃は恨んだことさえあるお姑さんですが、こんな素晴らしい技術を教えてくれたことに今は感謝しかありません。すべてが姑のおかげです。

私は今、毎年数百人、いや数千人の学生たちにキムチ作りを教えています。人生で家事だけしかやったことのないおばあさんの講義を聞くために、遠いところから駆け付けてくださる方々もいます。本書では、今までキムチ作りを学びたかったのに時間もなく遠くまで来ることのできなかった方々、授業は受けたけれど物足りない気がする方々、またあらためて韓国の伝統料理であるキムチを学びたいと思う方々に、少しでも役に立ちたいという一心で、今まで教えていた講義内容を綴りました。頭の中にしかなかった秘訣とノウハウをこの本に記すのに丸２年かかりました。40年間の歳月、いや２００年継承され続けた宗家の味までがこの本には詰まっています。羅家伝承のキムチと料理で、多くの家庭の食卓が健康で幸せになってほしいと願っています。また３５０年前の韓国料理書『飲食知味方』が今日では韓国料理文化を研究する貴重な資料になっているように、この本が３００年、いや５００年後に重要な資料になったらいいなと密かに願っています。おいしいキムチで家族が幸せになる食卓にしてください。

——カン・スニ

キムチ名人と呼ばれるまで

24歳で宗家の門をくぐる

　１９６９年真冬の羅州で行った私たちの結婚式はとても盛大でした。羅州の大金持の一人息子が結婚するというので、ほお紅をさし、冠をかぶった花嫁見たさに町の人々は一人残らず様子を見に来ました。親戚は少なかったものの、寒さも気にせず集まった町の人で結婚式は羅州のお祭りのようでした。町の人たちは小さな花嫁を見てみんな口にしました。

「あんなに選り好みしていたのに、幼い子を連れてきたものだね！」

　１９６９年の冬、私たちはソウルで純白のウェディングドレスを着て西洋式を1回、羅州の人々が見守る中でにぎやかに伝統式で1回と、計2回挙式をしました。そうやって24歳の若い花嫁は宗家の門をくぐりました。町の人々の前で盛大に式をあげて花嫁を迎えた夫の実家は、羅州羅氏潘溪公派の宗家でした。私はこの特別な結婚式のように、これからの人生が人と違ったものになるとは想像もしていませんでした。

四方が8里もある広い敷地で花嫁の暮らしが始まりましたが、大きな家には夫の祖母と両親、9歳も離れている妹がいて、敷地を管理する人と使用人まで含めると30名以上が居を共にしていました。

朝4時の起床

嫁として、まず最初にしたことは、家の作りを覚えることでした。姑は家の隅々まで花嫁を連れて説明してくれました。家の仕事もすべて教えてくれました。その作業に丸2日かかり、3日目でようやく姑の後に続いて厨房に入ることができました。千年の法度を継承するそこには、唐辛子より辛いという花嫁修業、それより大変な料理修業が待っていました。

夫は結婚式をあげてすぐに職場のあるソウルに発ち、私は夫の実家で初日から朝4時に目を覚まして1日を始めなければなりませんでした。義祖母は毎日朝4時になると火鉢をキセルの柄で叩きます。早く起きなさいという合図でした。1日中小走りで家事をし、疲れ果ててその音を聞き逃した日は、さらに一層の厳しさで叱られたものでした。

数十年が過ぎた今でも、そのときのことを思い出すと身の毛がよだちます。ひどく怒ったときには義祖母は朝ご飯に箸を付けず、私に厳しい視線を向けました。若い嫁にそれがどれほど怖かったことか。4時の音を聞き逃がすまいとして、冬にも隙間風の入る扉の近くで横になり、体を丸めて浅い眠りに入りました。

そのときの習慣がまだ残っていて、今も朝4時になると自然と目が覚めてしまいます。そのときの情景を思い起こし、大きな溜息をつくのが1日の始まりです。

ハンアリの水拭き

みんなが寝静まっている夜明けに目を覚まし、最初にすることは、ハンアリを拭くことでした。ハンアリは家の大きな財産です。代々受け継がれてきたしょう油の種を始め、テンジャン（韓国式味噌）、コチュジャン（唐辛子味噌）、様々なキムチ、漬物、塩辛などが入っています。

数多くのハンアリは、宗家の食卓を豊かにする宝石のような存在でした。怠けて味が変わってしまわないように、まるで宝石箱を扱うかのごとく布巾で水拭きしながら、夫のいない家で一人で堪える孤独な生活の鬱憤も一緒に拭き取りました。

大きなハンアリから小さなハンアリまでピカピカと艶が出るまで拭くと、高ぶった心も落ち着きました。騒ぐ心を洗うように布巾を洗って干すと、徐々に太陽が昇り周囲の景色が鮮明に表れました。花嫁は清らかな心で朝ご飯の支度を始めます。

毎日がお祭り

共同生活をする人数が多いので、ご飯を炊くことも一苦労でした。1回の食事に16キロものお米を炊かなくてはなりません。朝の食事には唐辛子を使ったキムチを出してはならないという厳しい規則があり、また朝・昼・晩の食卓にはそれぞれ異なるキムチとナムルを出さなければなりませんでした。魚を焼く際には油が出ないようにこんがり焼かなければならないなど、宗家の法度は厳しく、誠意を尽くさなければなりませんでした。

日が昇る前から準備した朝のおかずが義祖母と両親の口に合わなかったらどうしよう、献立がよくないと言われたらどうしようと、いつも緊張していました。家の使用人の奥さんたちと厨房でご飯を食べる間も不安で、〝大人〟(オルシン。年配、年長を意味する)がご飯を食べ終えるまでハラハラしました。

たまにこみ上げるさびしさで大きい声を出して泣き叫びそうになり、姑にばれるのではないかと思って、口いっぱいにご飯を詰め込んでそのまま飲み込んだこともあります。

3回の食事以外にも間食が必要でした。食事と食事の間に出す3回の間食に、2回以上同じものを出すことはできません。ヨモギ餅、インジョルミ(きな粉をまぶした餅)、シッケ(伝統の発酵飲料)などはありふれた食べ物で、ジャーキーや正果(果物と生姜・蓮根・高麗人参、その他の材料に蜂蜜や砂糖水などを混ぜて作る菓子の一種)、片薑《ピョンガン》(生姜の薄切りに砂糖を加え煮つめて乾かしたもの)、チュアク(餅を盛るときに最上部に置く飾り餅)なども随時作って出しました。

季節によってボラ、ニベ、スケトウダラ、ニシンなどを下ごしらえし魚卵を調理して出しましたが、手間がかかり味付けも難しかったので、やることが多い宗家の嫁には荷が重い仕事でした。しかし、味にうるさい大人が黙々と食べることだけで感謝し、暇を見つけては一生懸命作り続けたので、魚卵の調理などは簡単にこなせるようになりました。

　虎のように恐ろしかった義祖母と、さらに恐ろしかった姑のご機嫌をうかがいながら生活する毎日が、辛くて逃げたいときもありました。羅州から実家のある唐津《タンジン》（韓国の西北部にある忠清南道の市）はさほど遠くはなかったのですが、帰ることは許されず、ソウルに行ったきり帰って来ない夫を死ぬほど恨みました。

花嫁の仕事

　姑は、町でも料理がうまいことで有名でした。義祖母の腕もそれに負けないと聞きました。そんな二人を支えなければならない花嫁の心を想像してみてください。姑もやはり嫁いできたときは大変だったと思います。義祖母も同じだったでしょう。料理が上手な二人は、嫁にとても厳しく料理を教えました。宗家の嫁としての花嫁修業に加えて、料理のうまい二人の料理修業まで加わったのです。本当に大変で辛いものでした。おそらく二人は嫁が1日でも早く家の味を継承し、大勢を率いてしっかりと宗家の暮らしを支えてほしいと願っていたのでしょう。

　いくら私がうまくやっても数十年もの間宗家の食卓を任せられてきた姑には物足りなかっただろうし、口にも合わなかったこともあったでしょう。でも嫁には「よくできた。よくできた」と言いながら家事を任せてくれました。

　朝4時に起きて夜12時過ぎにやっと床に就くことができる花嫁修業。姑から教えてもらいながら毎日長い時間をかけて一つ一つ学んでいくことにより、宗家の重要な家事がすべて私に任せられるようになりました。結婚して2年目、25歳のときでした。

負けん気で乗り越える

　毎日の食事の準備も手に余るものでしたが、祭祀《チェサ》（韓国の法事。家庭ごとに回数は異なり、3世代前、5世代前までの先祖をおまつりすることもある）となると、それはそれは緊張しました。しかも毎月2～3回必ず行われたのです。宗家を訪れるお客さまの足は常に絶えませんでした。

　お祭りやお盆とお正月が近づくと、宗家では1か月前から伝統菓子や様々な料理の準備をします。お客さまのための料理は特別に用意しました。餅を作るための米は数キロも用意しなければならなかったし、牛と豚も何匹も準備しました。海産物や魚は近くの榮山《ヨンサン》浦《ポ》に赴き、獲れたてで飛び跳ねているような新鮮なものを箱買いしていました。様々なキムチやナムルの準備にも気を抜くことはできません。

厳しい家風を守りながら、すべての行事を仕切ることが、嫁の仕事でしたので、「宗家の嫁の道がこんなにも大変なら、この家の門をくぐらなかったのに」と後悔することも少なくありませんでした。それでもそんな気持ちを微塵も出さずに、すべて手際よくこなしていきました。毎日祖母が火鉢をキセルの柄で叩く音で目を覚まし、1日中小走りで大人を支え、使用人の面倒をみる。1日48時間でも足りないくらい忙しい毎日でした。

大きな行事が一つ終わると体が壊れそうに疲れましたが、たとえ体調が悪くなったとしても、大人が怖くて我慢しました。いくらやっても永遠に続くかに思える家事仕事。でも仕事ができない嫁と言われたくなくて堪えました。

姑からはときどき背が低いことをからかわれましたが、小さくても手際よく仕事ができるということを認めてもらいたくて、必死に働きました。1回すれば済むことも2回手を回し、日があるうちに済ませなかった仕事はうとうとしながら終わらせたものです。

宗家の嫁

今でも、生家のある唐津から嫁ぎ先の羅州に行く道を思い出します。土埃を立たせながら走るトラックに身を委ねて、走っても走っても先の見えない長い道のり。それがこれから始まる宗家の嫁の苦難な運命のようだとは、思いもしませんでした。

母は、トラックいっぱいに螺鈿《らでん》飾りの箪笥と仲のいい夫婦を象徴する鴛鴦《おしどり》の刺繍が入った布団セット、ミシンにすり鉢まで、新婚生活に必要なものを用意してくれました。母が宗家の嫁の苦難な道がわかっていたら、大切な娘を嫁がせなかったと思います。

夫の実家ほどではありませんが、私は豊かな家の五男一女の一人娘として生まれ、大切に育てられました。祖母の膝に載せられスプーンでご飯を口に運んでもらって食事をしました。

ただ父親は女性が勉強するということに理解がなく、学校には行かせてくれませんでした。学問をつけると恋愛などにうつつをぬかすと考えていたようです。今の時代には想像もできないことですが、昔はそんなものでした。勉強がしたくて2回家出をし、修道院とお寺に逃げたこともあります。結局父親に捕まり家に戻され、母親を手伝いながら家事を学びました。

母親も唐津では料理の腕で右に出るものがないと噂されていました。伝統菓子と餅、イバジ料理（結婚する際に新郎と新婦の家で用意する料理）が得意でした。昼には家事を手伝いながら母親の腕前を習得し、夜にはひそかに夜間学校に通い文字を勉強しました。そして美容学園と服飾学園なども通いました。

父は学校には行かせてくれませんでしたが、女性が学ぶべきものはすべて学べとうるさかったのです。しかし、やはり料理より面白いものはありませんでした。まるで、宗家の嫁になる準備していたかのように。

宗家の嫁の仕事は想像していたものよりはるかに大変でしたが、縁談を進めていたときには、宗家の嫁になるのは「光栄なことだ」と思っていました。おそらく手先が器用で料理が好きだったことも大きく影響したのではないでしょうか。

とにかく母親のもとで一つずつ学んだ料理の腕前は宗家を率いることに役に立ちました。1年もたたずに宗家の仕事全般を任せられたのも、母親から基本を学んでいたからだと思います。

無口な夫

いくら宗家の生活が大変だったとしても、自分を理解してくれる夫がそばにいたら少しは楽だったかもしれません。何も言わない仏像のような夫は、結婚式が終わったらすぐに職場のあるソウルに風のように去りました。大きな宗家に慣れない花嫁を一人にさせて、気にもならなかったのでしょうか。今のように交通も便利ではなかったので、夫は1年にお正月とお盆など、大きい行事があるときだけソウルから戻ってきました。大変だろうと背中でもポンポン叩いてくれたらいいのに、姑の目を気にしたのか、昨日会ったかのようによそよそしかったものです。

しかも寝ても覚めても夫を思い続けていた花嫁を置いて、夜には姑の部屋で寝てしまうどうしようもない人でした。やっと授かって大切に育てた息子を嫁に奪われると思ったのか、夫が戻ってくるとより厳しく当たった姑の心は今も理解することができません。姑の機嫌を損ねることを気にしたのか、花嫁の心にできた傷をいやさなかった夫が今も憎たらしいです。口では憎いとこぼしながらも夫を支える私の様子を見てきた人々は「骨の髄まで宗家の嫁だ」と言います。

事業の失敗

三つ年上で無口で表情もない夫。険しい顔つきだったので怖くて結婚を迷いましたが、仲人だった夫のおばと私のおばの努力で結婚まで至りました。夫は実際は表現方法がわからなくて無口だっただけで、温かくてまじめな人でした。

　夫の家は7代前から息子が一人しか生まれず、姑はやっと授かった息子に傷が付いたらどうしよう、足に泥でも付いたらどうしようと思い、おんぶして育てたと言います。いいものだけ食べさせ、着せて、好きなものは何でも許し……。私に対する厳しい教えも結局大切な息子のためだったのでしょう。

　しかし、こんなに大切に育てられた夫を、世間は大切には受け入れてくれませんでした。夫はシングァン女子高の庶務科に勤めながら体育教師も兼任していました。また別の事業も手掛けていましたが、その事業では9回も失敗しました。そのため、羅州の大きな敷地と土地は他人の手に渡り、夫は世間が厳しいということを、身をもって学んだのです。

　妻の悔しさは言葉で表現することができませんが、最も悔しくて悲しいのは当事者だったでしょう。どんなふうに生活していけばいいのかわからずに夫に怒りをぶつけたこともありますが、夫だって頑張りたかったのだと思うと、胸が苦しくてそれ以上言葉に出すことができませんでした。

　夫の代わりに借金を返し三人の子どもも育てなければならず、下宿と食堂などを運営しました。苦しいたびに「紆余曲折のない人生などない」と自分を慰めながら苦難を乗り越えました。

主婦の口コミ

　厳しかった料理修業のおかげで指の関節が曲がるほどでしたが、お客さまや知人には料理がおいしいとよくほめられました。「どんな家でも誠実に作る料理はみんなおいしいはずだ」と思っていたので、ただのお世辞だと思っていました。

　夫の事業もうまくいかず家計が苦しかったので、料理しかできない私は祝儀代わりに、親戚や仲のいい知人に幣帛《ペベク》（新郎の親族のみが集まり新しく家族になる新郎新婦の二人が親族に挨拶をする婚礼儀式）のときの料理やイバジ料理をプレゼントしたところ、みんなが気に入ってくれたのです。

　肉と海産物料理、餅、伝統菓子などと一緒に、唐辛子の種が入った白キムチと水キムチ、トンチミなどを送ったのですが、それがとても印象に残ったようでした。「60年間生きてきたけど、こんなキムチは初めて」と言われたこともあります。

　そんなある日、ソウル農業技術センターから電話がかかってきました。カン・スニ夫人の餅とキムチの作り方を学びたいので、講師として招いてほしいという要請が主婦たちから殺到していると言うのです。

伝統料理技能保有者になる

そうやって始めたキムチ講義の人気は爆発的なものでした。だんだん口コミが広がり、希望する受講生が増えました。キムチ作りを教えることも楽しかったのです。味がいいとみんなに秘訣を聞かれたり、技術がもったいないから大会に出ることを勧められたりしました。

勇気を出して国営放送局ＫＢＳの全国料理大祭に伝統菓子と餅を出品したところ、優秀賞を受賞しました。また農協中央会が主催するキムチの女王選抜大会でも優秀賞を受賞するなど、大きな大会に出て数多くの賞を受賞しました。

ほかの家庭より規模が大きかっただけで、ただの専業主婦に過ぎないのですが、私のキムチを学ぼうという熱心な人を見て、若者に韓国のキムチを幅広く教えたいと思い始めました。

ソウル農業技術センターで50種類以上のキムチを発表したキムチ展示会は好評で、毎年開くようになりました。ソウル農業技術センターから「ソウル市伝統料理技能保有者」に認定され、ソウル市からは「伝統料理継承技術保有者」として認定されました。家は「伝統料理教育所」として認定され、キムチ作りの講義を行っています。

キムチ広告大使として世界に進出

幣帛とイバジ料理が得意でしたが、今はキムチ先生として有名になりました。誠意を尽くして手作りしたものには無駄なものがないと言います。冷たい水に手を入れ一人で1日千株以上の白菜キムチを作っているうちに、手から指紋がなくなってしまいました。その替わりに「国宝級キムチ名人」と呼ばれるようになりました。

田舎のおばあさんに過ぎないのに、淑明《スンミョン》女子大学と柳韓《ユハン》大学などで講義をするようになり、海外からもキムチ作りを学ぶためにわざわざ訪れる学生がいます。ある在日青年は8年前からキムチを勉強しています。また海外在留の韓国人に講義をするために、アメリカやカナダを訪れました。

日本ではキムチと乳酸菌について講義をしたり、日本のフジテレビが家まで来てキムチを作る様子を撮影したこともありました。キムチ一つで韓国の文化を伝えることができるのだと胸がいっぱいになりました。

世界で最も幸せな夫、不幸な息子

宗家の広大な敷地はなくなりましたが、訪れるお客さまは絶えません。キムチ作りを学ぶために全国から来るお客さまも多いので、たくさんの人と話します。

うちではコーヒーは出しませんが、お客さまにはご飯とキムチを召し上がってもらうようにしています。すると帰るときにみんな「旦那さんは幸せですね。こんなにおいしい料理を毎日食べることができるから……」と言います。「でも息子さんはかわいそう」とも言います。

夫は料理が上手な妻に出会ってほかでは食べることができない料理を食べることができるので幸せで、息子はお母さんがいないとおいしい料理を食べることができないのでかわいそうなのだそうです。おいしい料理の味がわかってしまうから、その料理を食べられないことは、かえって気の毒なのでしょう。

キムチの講義を始めて多くの歳月が流れました。今も「体調が悪かったら休めばいいのに、60歳を過ぎてもなぜそんなに頑張るのか」と周囲の人は心配をします。しかし、動くことができるうちにあちこちに足を運んで、この世に私の息子のようなかわいそうな人がいなくなるようにと一生懸命教えています。

考えてみると、我々の世代が伝統キムチをきちんと漬けて食べる最後の世代ではないでしょうか。最近では、キムチを買って食べる家が増えているのです。若者はキムチよりピザやチキン、パスタを好みます。我々の世代がいなくなるとキムチを一から漬ける人がいなくなります。

我々の世代がいるからキムチを味わうことができる今の若者も、漬け方がわからなくてやがてはキムチが食べられなくなります。その次の世代では、キムチをかつて食べていた料理としか記憶できないかもしれません。

考えると残念極まりないことで、若者にその味を一つでも多く教えたくて、漬けた白菜を包んで持ち歩きながら熱心に教えています。短時間の講義でもキムチ作りを学んで上手に漬けて食べるようになったら、次の世代またその次の世代にも継承されるかもしれません。そう願っているのです。

キムチの基本を学ぶ①

すべての基本、ヤンニョム

昔　姑は塩辛などすべてを家で作るように命じました。市場で売っている塩辛を見て「あれを買って食べるの？」と言いました。そのときは大変なことだと思いましたが、料理の味はどれだけ心をこめて誠実に作るかによって違うということを改めて実感します。

いくら忙しくても毎年8月にはキムチの味を決めるヤンニョム（韓国料理における合わせ調味料の総称で、それらを使って味付けをすることも意味する）の材料を買うために全国の産地をめぐる旅に出ます。

市場やスーパーで売っている色も鮮やかできれいに包装されたものを買ったほうが楽でしょう。しかし、目で確かめなかったものに「一年の味」を任すことはできません。

辛味を出す 唐辛子の粉

キムチの辛味を出す代表的なヤンニョムです。旧暦のお盆前後に赤くてよく熟した「太陽草」を砕いた初物唐辛子の粉が色もきれいで味も最高です。初物唐辛子は皮が厚くて唐辛子の粉が多くできます。色が若干暗くて鮮明で艶があり、形が均一に整っており、ヘタがしっかり付いているもの、種がきれいな音を立てて動くものからよい粉ができます。また、砕いたときに色が鮮やかで粒が適度な大きさのものがいいものなのです。**E**

舌を刺激する味を維持する ナツメ

汁キムチと唐辛子の種入り白キムチなどを漬けるときに、甘味を維持し舌をちょっぴり刺激させるために入れます。露にさらされて、乾燥させた赤色が鮮明で実がしっかりしているものを使います。半分に切ったときに実と種が分離されないもの、ヘタがついているものを選びます。中国産は、中が乾いて実と種が分離されたものが多いです。ふってみると音がし、ヘタがほとんどついていません。**F**

塩味を出す 塩

キムチの塩加減を調整する最も基本的なヤンニョムで、必ず韓国産の天日塩を使います。天日塩は粒の大きさが一定で水分を多く含んでいるため、包装袋に水気があり握ると塩が手に付きます。粒は指でつまむとつぶれます。口に入れたときはしょっぱいですが、後味は甘いです。一方、中国産は粒の大きさがばらばらで握ったとき、手に塩が付きません。また、塩分が高くて、粒は固く、苦いです。**G**

きれいな色で味を出す 乾燥した唐辛子

キムチの味の決め手であり、栄養価もあるヤンニョムです。すり鉢ですってキムチを漬けると、唐辛子の粉だけを入れて漬けるよりも、色もきれいで味も格段によくなります。全体的に赤色が鮮明で、乾燥したヘタがしっかりついていて、触ったときに崩れそうなほど柔らかいけど、皮が厚いきれいな太陽草（テヤンチョ。初物の唐辛子を天日干ししたもの）がいいものです。中国産は色が濁り艶がありません。また、平べったいし、ヘタがないものが多いです。**A**

あっさりとした味を出す 乾燥したエビ

イリコと同じく天然調味料の役割を果たします。唐辛子の粉を入れて赤く漬けるキムチにすって入れます。量を十分準備してスープや炒めものなどにも使います。3cmほどの大きさで完全に乾燥したもの、鮮やかな紅色で艶があり頭の形がしっかりしているもの、ひげがついているもの、身がかたくて崩れてなくていやなにおいがしない新鮮なものを使います。黄色を帯びているものは古いものなので使いません。**B**

ピリッと辛味を出す 唐辛子の種

唐辛子の粉に負けないほど、ピリッとする辛味を出すヤンニョムです。唐辛子の粉を使わない白キムチなどに入れると、あっさりしてピリッとした味になります。「太陽草」の種が、味と栄養に優れています。種が黄色で平べったくないもの、種を取るときに唐辛子の殻が混ざったものを選びましょう。**C**

あっさりした味を出す アミの塩辛

淡白であっさりとした旨味を出す塩辛です。捕った時期によって6月に漬けたユクジョッ（6月の塩辛）、5月に漬けたオジョッ（5月の塩辛）、秋に漬けたチュジョッ（秋の塩辛）と分けますが、白色に身がしっかりして味がいいユクジョッが最高です。全体的に明るいピンク色を帯び、きれいで殻が薄く、身がしっかりしているもの、形がしっかりしていていやなにおいがしないもの、後味が香ばしくて甘味があるものを選びます。**D**

深い味を出す イワシのジンジョッ

イワシの内蔵を出さずに、そのまま発酵させたもの。長く保存して食べるキムチの旨味を引き出すために入れます。とろとろして生臭くて香ばしい塩辛です。骨が見えないほど長く発酵させると、味が深くなります。市場で買うときには身があまりないもの、赤みのある黒色で香ばしいもの、塩味が強くないもの、旨味のあるものを選びます。

旨味を出す イワシのエキス

塩加減を調節し、さっぱりした味を出すために入れる清らかなイワシのエキスです。家で漬けて長く熟成させたもので、市販のものより塩気がありません。すべてのキムチに基本ヤンニョムとして使い、長く保存せずに食べるキムチと汁のあるキムチに入れるとあっさりしておいしくなります。市販のイワシのエキスとカナリ（いかなご）のエキスで代替することができますが、そのときは塩気が強いのでこの本に表記されている分量の半分を入れます。

天然調味料の役割を果たす イリコ

キムチに旨味を加え熟成した後あっさりとした味を長く保たせるため、欠かさず使うヤンニョムです。

すり鉢ですって使ったり、粉状にして使います。適度な大きさできらきらと光り、いやなにおいがないものを完全に乾燥させて保存します。黄色で黒いもの、頭がとれてお腹に穴があり内臓が出たもの、形が崩れたもの、水気が残っていて塩が白く浮いているものなど、新鮮ではないものは使いません。

あっさりとした旨味を出す 生エビ

長く保存して食べるキムチを漬けるときに入れるヤンニョムで、アミの塩辛の代わりに発酵していない新鮮な生エビを入れると、キムチの味があっさりとします。

生エビは全体的に薄赤で皮が薄くて透明で身がしっかりしているもの、生きているものを買います。足が早いので汚れを取り冷蔵庫に入れるか、長く保存して使う場合は冷凍庫で保管します。

味と栄養を加える ニラ

ニラはピリッとしながらも独特な香りがあり、ヤンニョムとして幅広く活用します。

特にひりひりする味がよくて、長ネギがかたくて味がよくない春と夏に代わりに使います。若いものほど味がいいです。全体的に緑色が強く、葉が細く丸くてしおれた部分がないもの、白い部分が長くて幹の部分に弾力があり、あまり大きくなくて太くないものがおいしいです。葉がしおれていたり、先が乾いているものはさけましょう。

調味料が材料によく付くようにする プルグック

プルグックはもち米粉を水に溶かして糊状にしたものです。私は、もち米粉とサツマイモの粉、おろした豆に昆布だしまたは水を入れながら清らかに作ったプルグックを使います。キムチの栄養を豊かにし、ヤンニョムと材料がよく混ざるようにし、いやなにおいと味を消します。普段キムチを漬けるときに使うもち米だけのプルグックの代わりに入れるもので、豆とサツマイモは直接すって使います。

➡作り方は31ページ参照

天然の旨味を出す昆布

キムチに天然の旨味を加えるために入れる材料です。

昆布の成分が十分出るようにだしを取って使います。昆布は厚みがあって形がきれいで一定の厚みを持ったもの、完全に乾燥して表面に塩気が万遍なく広がっていながらも黒色を帯びた黄褐色、または黒褐色のものを選びます。厚くて黒いもの、黄色を帯びたもの、艶がないものは使わないでください。

➡昆布だしの作り方は31ページ参照

重要な役割を果たす ニンニク・生姜

ピリッとした味で、キムチには唐辛子の粉と一緒に必ず入れる基本ヤンニョムです。

ニンニクは粒がしっかりと太くて固い、一片一片の溝がはっきりして根がついているもの、皮が赤くて薄くよく剥けるものを使います。生姜もやはり太くて触ったときにかたくて皮を爪でかいたときによく剥け、中身が黄色でみずみずしい初生姜を使います。旬に1年分を確保します。

キムチの基本を学ぶ②

キムチの材料を選ぶ

おいしいキムチ一つあれば、ほかにおかずがなくても、ご飯をおかわりすることがあります。それがキムチの「力」です。しかし、キムチを漬けることは大変です。技術があるだけではおいしいキムチを漬けることはできません。キムチは四つの条件が合わないと美味しく作ることができません。一つ目がいい材料を選ぶこと、二つ目がヤンニョムをする前によく塩で漬けること、三つ目が塩加減で、四つ目がよく熟成させることです。その中でいい材料を選ぶことがキムチ作りに最も重要です。材料がよくないといくら腕があってもいい味を出すことは困難です。おいしいキムチ作りの第一歩は、材料選びです。材料にこだわるほどいい味に近づきます。

小さすぎず、大きすぎない

大きさにこだわる 白菜

キムジャンのときだけではなく、１年通して漬けて食べるキムチの材料では、秋の白菜が最高です。季節と関係なく大きな白菜は水っぽくて香ばしくありません。四つに分けたときに１回の食事で残さず食べきるくらいの２～2.5kgの白菜を選びます。外側の葉の緑の色が薄く、中の葉もしっかり内側に巻いているものを選びます。芯を押したときにかたくて重量感があるものがいいです。しかし、あまりにぎっしり詰まっているものは香ばしさが足りません。目安としては80%ほど詰まっているものがいいものです。

黄土で育つと本来の味が出る

チョンガクム

「アルタリム」とも呼ばれるチョンガクムは、実が小さくて親指の形をしているかたい大根です。若くて柔らかい葉がついています。丸ごと漬けて冬に食べるチョンガクキムチを作りますが、大根はかたくて辛いものが熟したときにおいしくなります。根の部分が少し広がり太くてすべすべで均一なものがよく、葉は柔らかく短いものがいいです。また、大根に黄土がついているものがよくて、表面に横の筋が多いものは芯があってかたいのでさけましょう。

甘味のある新玉ねぎが最高の 玉ねぎ

玉ねぎは辛味がありサクサクと噛み応えがあるので、よく生で食べます。５～６月、新玉ねぎが旬の時期に、茎がついている柔らかくて水気のある玉ねぎでキムチを作ると、珍味として楽しむことができます。芽が出ていない平べったいものより小さくてとがっているもの、触ったときにかたくて重みがあり皮に艶があるものを選びましょう。上の部分を押したときに簡単に押せるものは腐っているか、芽が出ている可能性があるのでさけます。

大人のこぶしほどの大きさが最高

トンチミ大根

11月中旬を過ぎると小さくて辛くて水気のある大根が出ます。葉が多くて男性の拳くらいの大きさのトンチミ大根を漬けると、あっさりとしたその味がたまりません。触ったときにかたく、叩いたときには中身がしっかりした音がし、表面がすべすべで艶のあるものを選びます。上の緑色の部分が淡いもののほうが汁があっさりとします。11月中旬以前にはひげ根がなくてかたく傷がないチョンガクム（小さい大根）でトンチミが熟成するまで食べるチョリョントンチミを漬けると、とてもおいしいです。大きめで葉が多いものがいいです。

柔らかい味がたまらない なす

気だるい夏にきれいな色で食欲をそそるなすは、ナムルとして炒めて食べたりもしますが、切れ目を入れてソバギ（野菜に薬味を入れてつくった食べ物もの）にしてもおいしく食べることができます。ヘタが黒くて棘があって触ると痛いもの、紫色が鮮明で艶があるものを選びます。ヘタと実の境の白い部分が多いものは淡白で味に優れます。切ったときに種の色が黒いものはおいしくありません。

1年中楽しむ キャベツ

1年中簡単に手に入れることができる野菜の一つで、キャベツキムチにして生で食べるとすべての栄養が摂取できます。特に春のキャベツは葉が柔らかくてキムチの材料として適しています。新鮮で持ち上げたときに重くて中身がしっかりしているもの、芯が500円玉くらいの大きさのものが甘味があります。中は淡い黄色を帯び、外は艶がある緑色の葉でしっかり包まれているものを選びましょう。葉の芯がかたいものはおいしくありません。

舌を刺激するようなあっさりした カラシナ

特有の香りと、舌をピリッと刺激する辛さで、韓国の南方を代表するキムチの主材料です。つんとした香りが食欲をそそるので、キムジャンのときに作っておくと冬に楽しむことができますし、キムチの副材料としても使います。青いものと赤いものがありますが、青いカラシナはトンチミや白キムチに入れ、赤い色を帯びているカラシナはきれいな赤色を付けるためにトンチミに入れますし、ヤンニョムとしてもよく使います。全体的に葉が新鮮で産毛がガサガサで、茎が長くて柔らかいものがおいしいです。

白い部分が多いのがおいしい わけぎ

主に秋キムチとキムジャンキムチとして食べるわけぎは、茎が柔らかくてまっすぐで白い部分が多いものが、キムチを漬けたときにおいしくなります。全体的に短く太さが均一で根の部分が丸くて太いもの、青い葉がまっすぐで艶があり手でもんだときにねばねばしないものを使うと、漬けたときに程よい辛さで旨味のあるキムチになります。ほかのキムチを漬けるときも長ネギより多く使われる材料です。

熟す前に食べると甘さが引き立つ
チョンデゥンホバク

チョンデゥンホバクは熟しきっていないカボチャのことです。古くて外側がかたく種が熟したカボチャでカボチャのおかゆを作ったり、ホバクゴジ（カボチャナムル）を作ったりしますが、熟す前のカボチャを収穫してケグックチ（カニの塩辛のキムチ）を作るとおいしく食べることができます。チョンデゥンホバクは熟す前の皮が緑色のカボチャで、外側に傷がなくて持ち上げたときにずっしりと重いものが、実がしっかりしています。半分に切ったときに種がぎっしり詰まっていて、中身が厚いものが甘味が強くなります。

噛めば噛むほど甘味が出る **ホウレンソウ**

太陽に十分さらされながら冬の寒さを乗り越えて育ったホウレンソウで、春のキムチを漬けると、噛めば噛むほど口の中に香ばしい甘さが広がります。緑色が濃くて茎がみずみずしく太いもの、根を切ったときに断面が新鮮で艶があるものを選びます。葉が短くて根元の赤色が濃いほど甘いです。

天然消化剤と呼ばれる **大根**

白菜キムチの副材料として広く使われますが、キムジャンの時期になるとソクバクチ（大根と白菜を切って混ぜて漬けたキムチ）やカクテキ（大根を四角く切って漬けたキムチ）、ポゲジ（慶尚道〈韓国の東南地方〉式大根キムチ）などを漬けておき、冬に口を楽しませてくれるのが大根です。旬の秋大根が甘くてあっさりしておいしいですが、大きいものより男性の拳より少し小さいものがおいしいです。叩いたときに中身がしっかりした音がし、表面が白くきれいですべすべしたもの、青い部分と白い部分がはっきり区別されているものを選びます。上の青い部分が多いとかたくて甘くなります。トンチミを漬けるときには、大根の上の部分が青くなくて大きすぎず小さすぎずの中間ほどの大きさのものを選ぶと汁がさっぱりしておいしくなります。

ピリッと辛い **ニラ**

独特な香りで食欲をそそる夏キムチの材料で、オイソバギ（キュウリキムチ）の副材料として活躍するのがニラです。長い間成長したものより地面から出たばかりの若いものが味と香りに優れているので、キムチを漬けてもおいしくなります。色が濃くて短くて太いものがピリッとして味がいいです。茎が太いものより細いもの、根本がきれいなものを選びます。

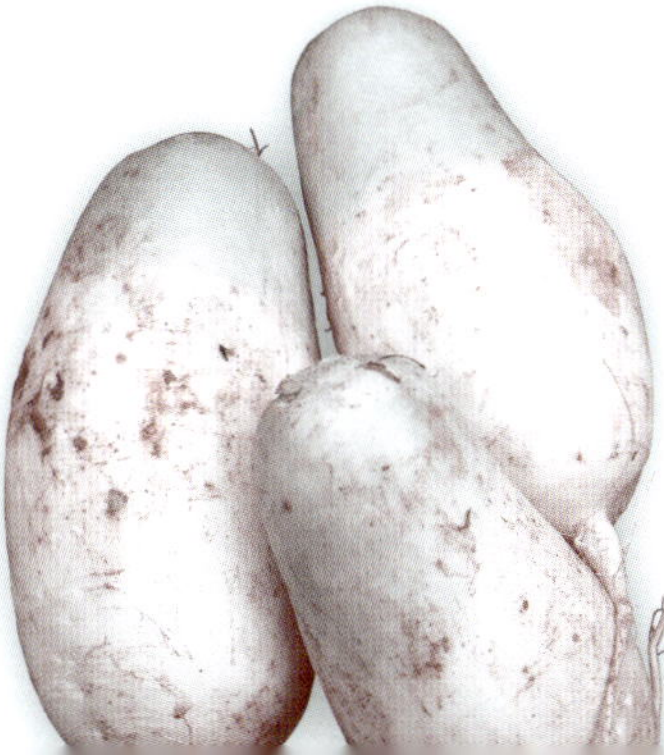

どんな家でもキムチを一つや二つ漬けて食べますが、簡単そうで難しいのが「キムチの味付け」で、些細なことまで気を使って漬けます。ニンニクをどうすりおろすか、塩のにがりを出すかどうか、塩辛は茹でるか茹でないかなど……小さいことですが、旨味ががらりと変わります。指先が赤く染まるほど、指紋が磨り減るほどキムチを漬けてわかった、こだわりの味の秘訣を公開しようと思います。

キムチの基本を学ぶ❸

キムチの味を出す秘訣

手間でもヤンニョムは すり鉢ですります

キムチを漬けるときには、先祖伝来の方法そのまま、すり鉢で材料をすって味をつけます。手間がかかり大変ですが、伝統の方法にこだわる理由は、材料をミキサーのような機械ですると発生する熱により味と栄養が破壊されてしまうからです。
すり鉢ですれば乾燥した唐辛子やイリコなど、材料が持っている自然の味をそのまま活かすことができるし、キムチをさっぱりと仕上げて、材料がしんなりすることを防いでくれます。色も一層おいしそうになります。すり鉢がないときはミキサーより粉磨機を使いましょう。

甘味を出すナツメ

トンチミのような汁キムチや唐辛子の種入り白キムチなどを漬けるときに欠かさず使う材料が乾燥したナツメです。漢方の材料として使われるほど体にいい木の実で、赤く熟すと甘味が強くなりますので、天然の甘さを与えるために加えます。トンチミなどに砂糖を使うと時間が経つにつれいやなにおいがしますが、ナツメを入れると汁全体に淡い天然の甘味が行き渡り、汁の味がよくなります。

それだけではなく、あっさりして舌を刺激する味を長く保つようにする役割もするので、丸ごと入れたほうが汁などがきれいになります。また、桂むきして種を除いた後、キムチの飾りとして載せたりします。見た目もよく淡い甘味が加わり、食感もよくなります。大きな行事やお正月とお盆に残ったものを保管して使います。

初物の新唐辛子の粉

唐辛子の粉は、よく熟した赤い初物の唐辛子を太陽の下で乾燥させた「太陽草」を砕いて作った新唐辛子の粉だけを使います。唐辛子は1本から普通5回ほど実りますが、初唐辛子は色が少し暗く、2～3回実ると皮が薄くなり種も多くなります。その唐辛子は色が鮮明なので、いいものに見えてしまうかもしれません。しっかりと見分けて選びます。

特に初物の唐辛子は皮が厚くて辛いながらも甘味が強く、キムチを漬けたときにとてもおいしくなり色もきれいです。唐辛子が辛すぎると発酵が十分進まず、ほかのヤンニョムの味もきちんと出ないので使うことは避けましょう。種は別に保存し、細かく砕いて使います。夫の故郷である羅州で1年分を購入し、キムチはもちろんコチュジャンと基本料理などに幅広く使います。

唐辛子の種はヤンニョムと飾り

唐辛子はキムチに辛さと栄養を与えるために加えますが、唐辛子の種には唐辛子の栄養分が最も多く含まれています。唐辛子の粉に負けないほど辛いので、ピリッとする辛いキムチを漬けることができます。唐辛子をするときに捨ててしまうのは勿体なくて、別に保存してキムチに入れ始めました。

今までそのようなキムチはなかったので、私が唐辛子の種を使ったキムチの元祖になりました。キムチに味と栄養を加え、飾りとしても美しく食感まで引き立たせるヤンニョムです。1年分の唐辛子の粉を砕くときに、種を集めて湿気がつかないように保管し、キムチを漬けるときに出して使います。精米所（韓国では精米所で唐辛子を砕いて粉にする）で唐辛子を粉にするときに種を集めてもらうように頼んでもいいし、最近は購入する人が増えたので種だけを売っていることもあります。

塩は2～3年間寝かせる

白菜や大根など、キムチの材料をヤンニョムする前に、素材を漬けたり塩加減を調節するときに使う基本ヤンニョムです。

塩分の濃度によってキムチの味が変わるし、発酵する過程で乳酸などが生成されるようにするため、必ず韓国産の天日塩にこだわります。独特の味がでるようになります。全羅道海南莞島（韓国の西南地方）にある塩田で直接食べたり触ったりして確かめてから買います。

にがりが完全に抜けないと苦いので、1年に50袋ずつ購入し、2～3年でにがりを十分抜いて水分が完全になくなるまで太陽の下で乾かし使います。この塩は握ったときに手のひらにつかず、ふつうの塩より塩分が低く、塩味はもちろん甘味もあります。涼しくて湿気のないところで保管します。レンガやブロックなどの上に板をわたし、床から離して塩を積み上げると、にがりがぽろぽろ落ちます。にがりが抜けるように袋を立たせるとより早く抜けます。

旨味を深くする
イリコ

化学調味料では味わうことができない深くて濃い旨味を出すために使う代表的なヤンニョムです。

汁キムチや白キムチのように、白く漬ける（唐辛子の粉を使わない）キムチを除いて、赤い唐辛子の粉を使うキムチには欠かさず使います。その理由はイワシのジンジョッの代わりに深くて風味のある旨味を出すためです。イワシのジンジョッはキムチの味はよくなりますが、キムジャンキムチのように長く熟成させて食べるキムチではない限り生臭くなってしまいます。イリコをすって入れると熟した後もピリッとしてあっさりとした味が長く続きます。大きくも小さくもない新鮮なイワシを頭と内臓を取り完全に乾燥させて後にすり鉢で直接すったり、粒が見えるほどの粉状にして使ったりします。それだけではなく、汁やチゲ、おかずなどにも幅広く使うことができるため、毎年春になると 2kg の箱を 50~60 箱を買い、すべてきれいに下ごしらえをして保存し、使います。

味と栄養のために
乾燥した唐辛子を

キムチを漬けるときに唐辛子の粉以外にも乾燥した唐辛子をすって入れます。唐辛子の粉だけ入れたときより色もきれいになり、手作り感が出るので一層おいしく見えて味も豊かになります。特に春から新唐辛子の粉が出るまでは、必ず乾燥した唐辛子をすって加えます。

秋に作った唐辛子の粉は年を越すと味と栄養分が落ち、キムチを漬けても新唐辛子の粉で漬けたときのような味になりません。すり鉢で皮だけが残るように水を入れながら十分すって使い、古くなった唐辛子の粉は少しだけ使います。乾燥させない赤唐辛子をすると、きれいな色が一層鮮やかになりますが、キムチが柔らかくなるので完全に乾燥した太陽草を上手に保管してキムチを漬けるたびに出して使います。

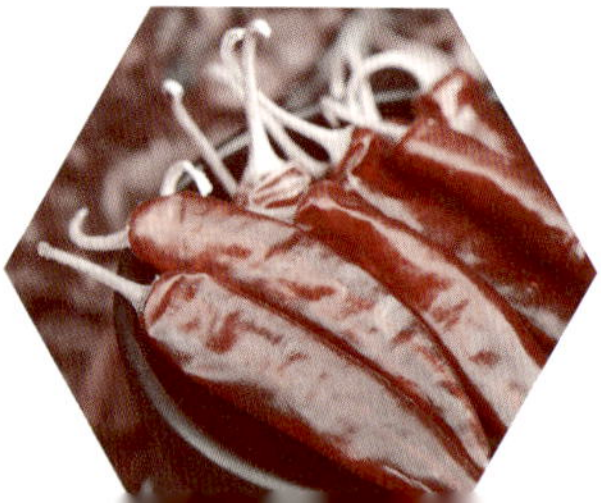

豆汁などで
プルグックを作る

キムチを漬けるときに、もち米プルグックを入れることも南道キムチの特徴です。普通はもち米粉でプルグックを作りますが、南道では味と栄養を加えるためにサツマイモの粉と豆汁を入れてプルグックを作ります。ヤンニョムが材料とよく混ざるようにするのはもちろん、キムチがおいしくなり熟した後にもすっぱくなりません。夏のキムチにはたっぷり、冬のキムチには少なめに入れて熟成する速度を調節します。白キムチやトンチミなどに入れるときは昆布だしでプルグックを作り、唐辛子で赤く作るときには水でプルグックを作ります。➡プルグック 31 ページ参照

乾燥したエビで
天然調味料の味を

イリコと同じく天然調味料の役割を果たすもので、主に赤く作るキムチを漬けるときにアミの塩辛の代わりにすり鉢ですって加えます。エビの独特な味と香りが相まってあっさりとした旨味のあるキムチを味わうことができます。ニラや春菊のようにすぐ和えて食べる浅漬けを作るときに、基本的な材料の味だけでは何か物足りない気がするときには、すらずに丸ごと入れたりしますが、香ばしくて噛み応えがよくなります。

ニンニク・生姜は
季節で量を調節して

キムチに欠かせない基本ヤンニョムです。ピリッと辛く独特な香りがあり、キムチの味を一層引き立てますが、ほかにもいろいろな効用があります。キムチに有害な微生物の繁殖を防ぎ、腐らないようにする役割を果たしています。旬のときには産地で 1 年分を 1 度に購入し使いますが、ニンニクと生姜はミキサーですると味と栄養分が破壊されるので、すり鉢や臼で使う量だけすります。そのとき生姜を多く使うと苦くなるのでニンニクと生姜を 10：1 の割合で一緒にすります。また、春と夏のキムチに生姜を入れると苦くなるので 3 ～ 8 月には使いません。

イワシのジンジョッは火を入れない

全羅道キムチに最も多く使われる基本的な塩辛ともいえます。キムジャンキムチのように長く保存して食べるキムチの中でも、主に唐辛子の粉を入れて赤く漬けるキムチに旨味を出すために入れます。骨がなくなるほど長く漬けたものを具をこさずに入れます。熟成と発酵過程が進むと南道キムチらしい深くて豊かな旨味を味わうことができます。塩辛に火を入れると、キムチの香ばしくてあっさりとした味がなくなるので、火にかけないでジンジョッを入れます。

砂糖の代わりにグリーンスイート

キムチを漬けるときは極力、材料の味を活かすようにします。でも旬ではない材料使うときは甘味を補わなければなりませんし、ある程度甘味が必要なキムチもあります。そのようなときは、人工甘味料を入れます。

自然のものでは梅実清（梅エキス）がありますが、香りが強く、キムチが熟する速度を遅らせるため適しません。果物を入れると材料が柔らかくなりいやなにおいがします。甘草の粉は味と香りがあってキムチの味に影響を及ぼすので使いません。砂糖で甘味を出すには大量に入れなければなりませんし、キムチが熟したときのにおいが気になります。私は砂糖の弱点を補いあっさりとした甘味を出すためにグリーンスイートを使用しています。グリーンスイートは甘味が強いので使う際には少量を使い、白菜二つに小さじ1・1/2杯で十分です。キムチに必ず入れなければならない場合以外は表記しなかったので、好みによって量を調節して使いましょう。

夏のキムチが熟成する速度をニラで調節

季節によって副材料などを減らしたり増やしたりして、キムチが熟成する速度を調節します。ニラは副材料としてよく使われます。ニンニクのようにピリ辛で独特な香りがあり、キムチが熟す速度を遅らせるので、季節によって量を変えてキムチの熟成速度を調節します。オイソバギのように4～5月に新キムチを漬けるときには少なめに入れて早く熟すようにし、真夏には多めに入れて熟する速度を遅らせます。ちなみに、長ネギはかたくてキムチを早めに熟成させ、汁をどろどろにするのでほとんど使わずわけぎを使います。

昆布で天然の旨味を

化学調味料を使わずに天然の旨味を引き出すために、昆布にこだわっています。厚くて質のいい昆布を十分入れてだしを取った後、トンチミのように汁キムチやキムチのヤンニョムに水気を加えるときや、プルグックを作るときなど、すべてのキムチに使っています。昆布から出る深い旨味と自然の塩気が相まってトンチミの汁はあっさりになるし、キムチの味は一層深くなります。表面の白い粉は昆布を乾燥するときにできるもので、旨味と塩気を出す天然調味料の役割を果たすので、敢えて洗ったり拭いたりせずに使います。➡昆布だし31ページ参照

イワシのエキスを韓紙でこす

早くて1年、長くて5年から10年以上発酵させて使うのが基本のイワシのエキスです。長く漬けるほど味が柔らかくなりますが、クッカンジャン（在来式しょう油または朝鮮しょう油とも呼ぶ。100％大豆で作る）と同じような色で雑味のない澄んだ味が特徴です。どんなキムチとも合うので毎年漬けます。長く漬けると骨までとけてこす必要もなくなりますが、より清らかにするために具が残らないように韓紙でこして使います。生臭さがなく、塩辛くなく、キムチの味をさっぱりさせるので、すべてのキムチに基本的な塩辛として使います。

キムチの基本を学ぶ④

必ず入れるヤンニョム

私のトンチミや白キムチを食べた人はみんな「あっさりして、しかも舌を程よく刺激する味。ほかでは味わえない一流のものだ」と評します。人には教えられない秘訣があると思っているみたいですが、豆汁とサツマイモの粉、もち米粉で作ったプルグックや昆布だし、本来の味が出るように何年も熟成させて使う塩辛などが味のすべてです。自然がくれた天然材料の味を十分活用すること、それが秘訣といえば秘訣です。

旨味を出すために幅広く使う昆布だし

天然の旨味は、ヤンニョムと相まってあっさりとした味のキムチに仕上げます。昆布の塩気が塩加減を調節する役割も果たします。汁から薄く塩気を感じることができるくらい昆布を十分入れてだしを取ります。

●昆布だしの作り方

水5カップに10cm四方ほどの大きさの昆布2枚を入れて弱火で沸かします。水が沸き始めたら直ちに火を消します。長く沸かすと昆布からぬめりが出て、汁がどろどろになりえぐみがでます。昆布を沸かす前に水に30分間浸けてから沸かすことにより、だしがより濃くなります。

深い旨味を出す塩辛

イワシのジンジョッ

イワシが旬の6月に10cm程の大きさの、水揚げしたばかりの身がしっかりとした新鮮なものを選び、同量の粗塩を入れてよく和えます。ハンアリに入れて重石をし、密封した後、涼しいところにおいて発酵させます。最低5年は発酵させます。篩をかける必要もないほど、濃くて風味のある味がたまらない塩辛になります。

イワシのエキス

イワシのジンジョッと同じくイワシ釣りが盛んな6月に7~8cmほどの生き生きとした小さいイワシを選び、ジンジョッと同じ方法で漬けます。最低3年、普通5年から10年は発酵させますが、篩にかける必要もないほどにごりがなくなります。長く寝かせるほど味がまろやかなります。

アミの塩辛

早ければ2ヵ月後には食べられる塩辛で5月、6月、10月など、旬の時期に漬けます。キムチのヤンニョムとして使うことはもちろん、普段食べるおかずとしても使います。色が明るくて身がしっかりしている生きているエビを用意して、異物を取り除いた後、塩をエビの1.2倍用意します。そしてエビと同じ量の塩をエビとよく混ぜあわせてハンアリに入れます。残った塩は上に載せ、密封して日陰で発酵させます。エビは足が速いので他の塩辛より塩を多目に使います。塩の量が少ないと、身が溶けて汁がにごり、くさみがでるので、塩味を少し強めて漬けます。

程よく舌を刺激する味を活かすプルグック

キムチを漬けるときに必ず使うのがプルグックです。ヤンニョムが材料とよく混ざり合うようになります。そしてもち米粉以外にサツマイモの粉と豆汁を入れます。キムチが熟したときにいやなにおいを消し、気持ちよく舌を刺激する味を出すからです。また、サツマイモの粉からも甘味が出ます。もち米粉：サツマイモの粉：豆汁を大さじ10：1：1の割合で入れ、昆布だしを3カップ入れながら固まらないようによくかき混ぜ、とろみがついたら冷まして使います。

●プルグックの材料の作り方

◆**もち米粉**　もち米を十分ふやかし洗った後砕きます。

◆**サツマイモの粉**　生のサツマイモの皮を剥いた後、完全に乾燥して細かく砕きます。家ではでんぷんのように砕くことができないので、精米所に任せます。市販のサツマイモのでんぷんは直接砕いたサツマイモとは違うので、キムチを台なしにするかもれません。

◆**豆汁**　大豆を水でもどし、薄皮を洗い取った後ミキサーに入れます。豆を砕きやすくするために水を加えて細かくなるまで砕きます。その後、ふるいにかけます。残ったものは冷凍して必要なときに使いましょう。大豆1カップの分量で、白菜30個をキムチにすることができます。

キムチの基本を学ぶ❺

味付けの原則

「どんなふうに漬けたら、キムチがあんなにおいしくなるのか」とよく訊かれます。キムチの味付けは容易ながらも難しいことではありません。しかし、きちんと学ぶと、簡単に味を付けることができます。つまりとても些細なことが味を左右するのです。指紋がなくなるまで漬けて得た秘訣は、言葉にして言ってしまうと、とても簡単です。

1年中冬のコート1枚で過ごさない

キムチ作りを教えてもう10年が経ちました。カン・スニのキムチ講義では1年中、旬の材料で漬けて食べる四季ごとのキムチを教えています。みんな目を丸くして「なんでキムチの作り方を1年も学ぶのか。そんなに学ぶことがあるの?」と聞いてきますが、主婦のその質問にかえって私は驚きます。

韓国は春、夏、秋、冬と四季がはっきりしています。各季節ごとに出荷する野菜も違うし、味も違います。キムチは白菜キムチとカクテキ、チョンガクキムチだけだと思っている人も多くいます。でも今述べたキムチはすべて冬のキムチです。もし冬のキムチしか食べないのなら、四季がはっきりした国で厚い冬用のコート一つで1年を過ごすようなものです。私は四季折々で違うキムチを漬けます。旬の材料でその時期に合うキムチを漬けて食べることは、味はもちろん健康にも良いことなのです。

キムチをヤンニョムの味で食べない

時折「キムチはヤンニョムの味がよいから食べる」という話を聞きます。旬の材料でキムチを漬けるとき、またすぐ和えて食べる浅漬けもヤンニョムの味で食べることはあります。しかし、私は旬の野菜のおいしさを味わうため、ヤンニョムの量を少なめにして漬けます。

たまに、唐辛子の粉とヤンニョムをたっぷり入れ、赤くて艶が出るように漬けたキムチが最高という人がいますが、ヤンニョムがおいしいので漬けた直後はおいしくいただくことができます。しかし、少し時間が経ったりしばらく熟成させると、いやな後味が残るようになってしまいます。それは、ヤンニョムが多すぎて乳酸菌の発酵がうまくできないからです。厚化粧の顔がその場ではきれいに見えますが、顔を洗うと失望させてしまうのと同様、キムチをおいしく食べるためにはヤンニョムも惜しみましょう。代わりに塩加減が適切だとどんなキムチでもおいしくなります。

副材料も惜しんで入れる

　わが家を訪れる方はトンチミと唐辛子の種入り白キムチが最もおいしいと絶賛します。何を入れて漬けたか、秘訣を教えてほしいとねだるのですが、秘訣は何も入れないことです。一つのトンチミハンアリにカラシナとわけぎ1束、しょう油に漬けて熟成させた唐辛子４～５個がすべてです。唐辛子の種入り白キムチも、カラシナやわけぎ、細切り大根などをほとんど入れず、入れても一握りだけ入れます。副材料もやはり少なめに入れると、キムチ自体があっさりと仕上がり、しかも程よく舌を刺激する辛さが引き立ちます。

　キムジャンキムチを漬ける際に、細切りの大根をいっぱい入れて赤くヤンニョムする場合が多いですが、副材料やヤンニョム代がもったいないです。キムチの味がさわやかではなく食べるときにも邪魔になるし、キムチチゲやキムチを活用する料理を作るときにもすべて取り除かなければなりません。副材料もやはり惜しんで入れるとキムチの味が格段によくなります。

レシピにあまりこだわらない

　普通の料理だったら必要ですが、キムチはレシピがないことが正解です。キムチは白菜などが主な材料ですが、季節ごとに野菜の味や性質、また水分の含有量が違います。ほかにも漬けるときの塩加減や温度によって味が変わります。ヤンニョムと熟成させる方法や温度によっても変化します。レシピ通りに作っても、１００％合うレシピはありません。毎回ヤンニョムを少し変える必要もあります。まずは材料を塩漬けすることから始めます。塩はにがりを抜いてクッカンジャン程度に塩味がするように塩水を作り、白菜なら、かたい部分が柔らかくなるぐらい漬けます。

キムチは漬けることより塩加減に気を付ける

　キムチで最も重要なのは塩加減で、その次が適度に熟成させることです。主婦の多くがヤンニョムに漬けることが重要だと考えがちですが、キムチはしょっぱいと熟す速度が遅くなり薄味だと早く熟すという特性があるので、塩加減の調整に失敗するとキムチを適した時期に食べることができません。したがって全体の塩加減をよく調節することが簡単においしいキムチを作る秘訣です。

よく漬かっていなかったら塩を多めに入れ、漬かってきたら塩を少なめにする。オイソバギやセリの水キムチなど、春のキムチを作るとき、野菜に直接塩を加えず塩水に漬けるのもそうした理由からです。

キムチは貧乏人のように作る

キムチは昔野菜を手に入れることが難しかった冬に備え、野菜を長く保存するための方法として作り始められました。キムチは普通に手に入る安い材料に、ヤンニョムと自分の腕前を加え熟成させて食べるとおいしくなります。海産物のキムチを漬けるのに、10種類以上もの海産物を入れて漬けている人を見たことがありますが、材料の下ごしらえにも手間がかかるし、簡単に漬けることができるのか、またどう熟成させたら本来の味になるのかが気になりました。キムチには必要な材料だけを使い、限られたもので漬けたときが最高の味になるのです。

手間をかけたものは無駄にならない

おいしいキムチを漬ける秘訣をよく聞かれますが、正解は「何回も漬けてみる」です。なんでも1回でうまくいくことはありません。もし1回でうまくいったら運がいいということです。なんでもやっていくうちに上手になります。キムチ作りも、料理もそうです。40年間、1年に1万個以上の白菜キムチを漬けた経験があるので、カン・スニのキムチはおいしいのです。

漬け続けると触るだけでどれほど漬かったのかがわかるようになり、それで塩加減もぴったり調節できます。最低20回は漬けてみてから、うまく作ることができないと言ってください。1回でおいしく漬けることができないのは、当然のことです。時間をかけて努力したら絶対うまくいきます。

春の食卓

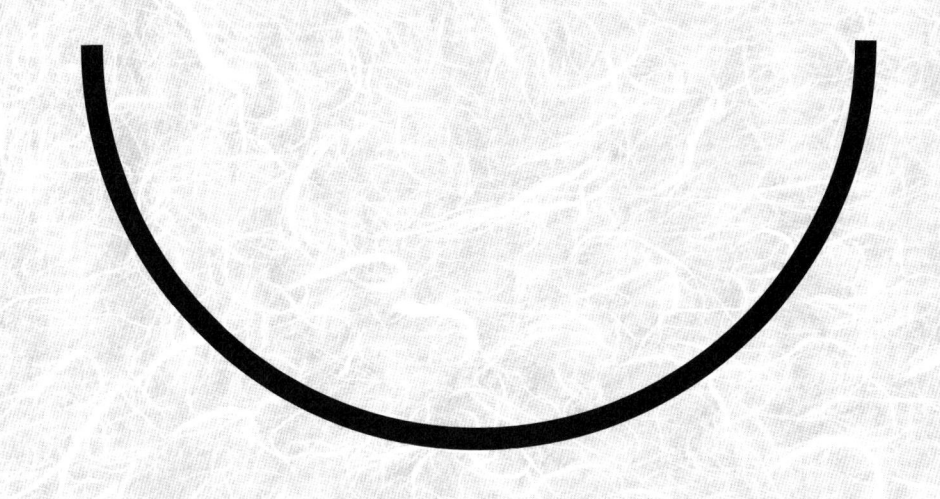

1

ポムドンの浅漬け

봄동겉절이

四月、緑の香りを
たっぷり盛り付けた
春を迎えるキムチ

※唐辛子は韓国産唐辛子を想定した分量です。また特別な指定がないものは中粗の唐辛子を使ってください。

材料

- ◆ ポムドン（早取りの白菜）　500g
- ◆ ニラ（8cm）　一握り
- ◆ わけぎ（8cm）　一握り
- ◆ ごま　適量
- ◆ 塩水（水 3 カップ、塩大さじ 3.5 ）
- ◆ ヤンニョム

プルグック（➡ P.31）…大さじ 8、いわしエキス…大さじ 3、アミの塩辛…大さじ 1、カレイの塩辛…大さじ 2、昆布だし（➡ P.31）…大さじ 1、唐辛子の粉…大さじ 5、みじん切りにしたニンニク…大さじ 1、唐辛子の種…大さじ 3

作り方

❶ ポムドンは、根の部分を切って葉を1枚ずつ取りはずして洗います。塩水に1時間ほど漬けた後、ざるにあげます。水気を切ったら大きな葉は食べやすいサイズになるように手でちぎるか、包丁で切ります。

❷ 器に唐辛子の種以外のヤンニョムの材料を入れて混ぜたあわせた後、塩水に漬けたポムドンとニラ、わけぎを入れます。青臭くならないように柔らかく和えます。みじん切りにしたニンニクと唐辛子の粉はお好みで加えましょう。

❸ 最後に唐辛子の種を加え、和えた後、ごまを散らせばできあがりです。

ポムドンの浅漬けは、春から初夏にかけて作るキムチです。ポムドンは、白菜の一種で、白菜を丸める前の早取りの白菜です。厳しい寒さにさらされて、育てたものです。さわやかな味が特徴です。冬の間キムジャン（越冬用のキムチを漬ける時期）キムチばかりを食べていた家族に、清々しい春の空気を振舞いたくて、中身は黄色く葉は小さめのポムドンを買います。

ポムドンは漬け方を間違えると粘り気が出て味が落ちてしまいます。秋に収穫した白菜よりも葉が厚く水分が多いので、薄味の塩水に葉が少ししんなりするまで漬けます。切ってから漬けると甘さが抜けてしまうので、漬けた後大きいものだけを手でちぎります。また、何回も洗うと青臭くなるので、最初に念入りに洗い、塩水に漬けた後はそのままざるにあげて水を切ります。

わけぎは根元の部分が大きいものは半分に切り、カレイの塩辛がない場合は代わりにいわしエキス大さじ3を加えます。春のキムチには乾燥した唐辛子をすって加えると味がよりよくなります。すり鉢で乾燥した唐辛子をすりつぶし、いわしエキスと唐辛子の粉を加えて和えると、香ばしくてほんのり甘い味に仕上がります。乾燥した唐辛子8個に唐辛子の粉大さじ2が適量です。

あまりのおいしさにお皿に盛りつけるのではなく、ご飯の上にのせ、そのまま食べてしまいます。それでも物足りなくて、キムチを和えたときに使った器にご飯を加え、和えて食べます。これこそが最高の春の味であり、わが家の春を迎える風景です。

2

ポムドンと大根の浅漬け

봄동무겉절이

塩水に漬けずに作り
新春の噛み応えを堪能する

材料

- ◆ ポムドン　500g
- ◆ 大根　300g
- ◆ ニラ（10cm）　1/2 握り
- ◆ ヤンニョム

乾燥した唐辛子…8～10 個、水…大さじ 3、アミの塩辛の具…大さじ 1/2、プルグック（➡ P.31）…大さじ 8、いわしエキス…大さじ 4、アミの塩辛の汁…大さじ 2、みじん切りにしたニンニク…大さじ 1、唐辛子の種…大さじ 3、唐辛子の粉…大さじ 2

作り方

❶ ポムドンは、根の部分を切って洗った後、ざるにあげて水を切り、食べやすいサイズになるように手でちぎるか、包丁で切ります。

❷ 大根は鉛筆を削るように一口サイズに切ります。

❸ 乾燥した唐辛子は2～3cmの大きさに切り、水でやや湿らせた後、すり鉢に入れてすり、水気がなくなりかけたら水を加えます。

❹ 唐辛子を十分すった後、アミの塩辛の具を加え、さらにすります。次にポムドンと大根、ニラを加えます。

❺ 残ったヤンニョムの味付け材料を加えたら柔らかく和え、最後に唐辛子の粉を入れてさらに和えます。

春風が吹いた途端、さわやかなキムチが食べたくなります。ポムドンと大根の浅漬けはそんな季節にぴったりのキムチです。ポムドンは葉の中心部が黄色で小さく、甘くて香ばしい白菜です。ポムドンと大根の浅漬けは塩水に漬けずにすぐに食べられるキムチです。保管して時間を置くと水気が出てきて、味が落ちてしまいます。手間ですが、1回の食事に食べる分だけを直前に和えます。そうすることにより、ポムドン特有の噛み応えを存分に楽しむことができます。コリコリとした食感を楽しむ大根は不規則に切ることにより、より食欲をそそるキムチになります。

味付けの際も、唐辛子の粉は最後に加えます。先に唐辛子の粉をいわしのエキスと混ぜてしまうと色がにごり、材料をバランスよく調和することができなくなります。キムチを和えるとき、力を入れて押すように和えると青臭くなるので、柔らかく和えます。

また春のキムチを漬ける際は、必ずすり鉢で乾燥した唐辛子をすります。冬の間保存していた古い唐辛子の粉は味と香りに劣るからです。十分天日干しした唐辛子をきれいにすりつぶし、その代わりに唐辛子の粉の量を少なく調節します。そうすると唐辛子の辛味と赤色がより鮮明になり、見ているだけで食欲がでる、おいしそうなキムチになります。

すり鉢で唐辛子をするのが難しい場合は唐辛子の粉だけを使いますが、その際、他の材料は同じ分量を使用し、乾燥した唐辛子を抜いて、その代わりに唐辛子の粉大さじ5を使います。

3 汁カクテキ

국물깍두기

中まで味がしみ込んだ大根と一緒に
おいしい汁までスプーンでいただく
サクサク感

材料

◆ 大根（小さ目）　約 2kg
◆ 塩水（水 3 カップ、塩大さじ 4）
◆ ヤンニョム
プルグック（➡ P.31）…1 カップ、昆布だし（➡ P.31）…1/2 カップ、みじん切りにしたニンニク…大さじ 2、イワシのエキス…大さじ 2、唐辛子の粉（パウダー）…大さじ 4、唐辛子の種…1/2 カップ、グリーンスイート…小さじ 1

作り方

❶ 大根は小さめのものを選んで皮ごとこするように洗った後、1.5cm角の一口サイズに切ります（韓国では大根の皮はむきませんが、日本のもので作るならむいてもいいでしょう）。
❷ 切った大根を器に入れ、塩をふって混ぜた後、水を注いで薄い塩水を作ります。その塩水に1時間ほど漬けます。
❸ 大根が柔らかく漬けられたら、そのままざるにあげて水気を切ります。
❹ 器にプルグックと昆布だし、みじん切りにしたニンニク、イワシのエキスを入れて混ぜた後、唐辛子の粉、唐辛子の種、グリーンスイートを入れ、さらに混ぜます。
❺ ❹の器に大根を入れてよく和えた後、保存容器に汁ごと入れて押さえます。常温で汁に小さい泡が立ち、熟し始めたら冷蔵庫に入れ、よく熟成させてから食べます。

わが家では旬の時期に市場に並ぶ材料を逃さずに食べますが、大根だけは例外で、1年を通し食卓に頻繁に出します。

冬の大根は甘くて水分が多く、トントンとみじん切りにしてイワシのエキスと唐辛子の粉を加え、さっと和えるだけで珍味と言えるほどおいしくなります。

夏になると少し味が落ちますが、「大根をたくさん食べると体内の病気がない」という昔の言葉もあるので、旬ではなくても大根のカクテキをよく漬けます。

夏の大根は、薄い塩水に漬けると苦味が抜けて、保存して食べてもサクサクする噛み応えのあるカクテキになります。大根に直接塩をふり万遍なく混ぜた後、水を加えると中まで漬けることができます。洗うと甘味が抜けてしまうので、そのままざるにあげて30分ほど水を切ります。

暑くなり始める晩春から夏までは、ソルロンタン（牛の肉と骨を長時間煮込んで作るスープ）の専門店で食べるカクテキのように、汁までスプーンで食べる汁カクテキが最高です。汁までおいしい汁カクテキは、大根を薄い塩水に1時間以上漬けます。

そして中まで味がしみるように汁を少なめに注いで食べやすくして熟成させます。すべて食べ終えるまでサクサクとした食感が味わえ、あっさりとした汁をすくって食べるのも忘れられません。

ときどき苦味を消すために砂糖を入れる主婦がいますが、砂糖を使うと汁がべたっとして爽やかではないカクテキになります。そして、3〜8月に漬ける大根キムチは苦くなってしまうので生姜も入れません。

大根は大きいものより、小さめで短く先が丸い在来種が適しています。カクテキにするとサクサクと噛み応えがよく、甘くなります。小さくてかたいものを優先的に選びます。

4 コールラビカクテキ

콜라비깍두기

甘くてサクサク
外国人も好きな
異色キムチ

作り方

❶ コールラビは葉を切り取って洗った後、4等分もしくは6等分にします。皮と一緒にかたい部分を厚く切り取り、1cm角の大きさに切ります。

❷ 器に切ったコールラビを入れ、みじん切りにしたニンニク、唐辛子の種、唐辛子の粉、塩、梅実清を加えてさっと和えます。

❸ 和えた直後から食べられますし、残ったものは容器に入れて冷蔵庫に保存します。

材料

◆ **コールラビ**（大きめのもの）　1個

◆ **ヤンニョム**

みじん切りにしたニンニク…小さじ1、唐辛子の種…小さじ1、唐辛子の粉（パウダー）…小さじ2、塩…大さじ1/3、梅実清（梅の砂糖漬け）…大さじ2

市場に行ってみると、世界が本当に変わったことを感じます。以前は見かけたことがない食材が目に留まります。そんなときは国内栽培か、味はどうなのかが気になってお店の人にあれこれ聞いて何個か買うと早足で家に帰ってきます。

コールラビがまさにそうでした。キャベツとカブを種付けして栽培した野菜で、カブキャベツとも呼ばれます。晩秋から年明けの1月までおいしく食べることができます。

どんな食材でも特性を把握することによりキムチとしておいしく漬けることができます。皮を剥いて食べてみると大根や白菜の芯のようにかたいですが、果物のように甘味が強くてサクサクと噛み応えがあるので、カクテキとしてもってこいです。またスイートなコールラビカクテキは汁がでないことも特徴の一つです。

味は紫色より緑色のもののほうが甘く、本来持っている甘味が強いので砂糖は省略します。砂糖の代わりに果物を入れると果物が先に柔らかくなる場合もあるので、やはり省略しました。

そうやって大根カクテキをつけるような調味料で和えてみました。ある年、キムチ展示会に出品してみると珍しいカクテキにみんなが興味を示しましたが、甘味があるためか、特に子どもと外国人が喜びました。

料理も時代によって発展するもの、キムチも例外ではないでしょう。「伝統を守るけれど、新しい味に対して努力は続けなくてはいけない」と考えて、コールラビカクテキを作りました。

コールラビはビタミンCがサンチュより5倍多く、繊維質が豊かで抗癌成分が大根より20倍以上多いと言われています。

5

ツルマンネングサキムチ

돌나물김치

りんごと干し柿で味と栄養を加え和える即席ナムル浅漬け

材料

◆ ツルマンネングサ	500g
◆ りんご	1/2 個
◆ 干し柿	1 個分
◆ わけぎ	2 本
◆ タマネギ	1/4 個
◆ みじん切りにしたニンジン	少々
◆ 赤唐辛子	1 個
◆ ナツメ	1 個
◆ ヤンニョム	

プルグック（➡ P.31）…大さじ 1、いわしエキス…大さじ 3、みじん切りにしたニンニク大さじ 1、昆布だし（➡ P.31）…大さじ 1、唐辛子の粉…大さじ 3

作り方

❶ ツルマンネングサは、傷がつかないように軽くふり洗いした後、水気を切ります。

❷ りんごは皮ごと薄く半月切りにし、わけぎは2cmの長さに切った後、根元の部分が大きいものは縦に2等分します。

❸ タマネギ、赤唐辛子は細切りにします。ナツメは縦に切れ目を入れ開き種を除き、丸めて切ります。

❹ 器にヤンニョムの材料を入れてよく混ぜた後、わけぎ、赤唐辛子、みじん切りにしたニンジン、タマネギ、りんごを加えて混ぜます。

❺ ❹にツルマンネングサを入れて軽く和えた後、干し柿を入れてまた和えて皿に盛り、ナツメを万遍なくかけます。

山茱萸が黄色いつぼみを綻ばせ始める春、田舎の土塀の湿った場所を見てみると、マツバボタンのような形をしたふっくらとした葉のツルマンネングサが集まり、まるで花を咲かせているようです。繁殖力が強いので、岩の隙間のような植物が育ちづらいところでもよく成長するので「ツルマンネングサ」と呼ばれるようになったと言います。同じ理由で石上菜とも呼ばれます。

　ツルマンネングサは、サクサクした食感と独特な味と香りを持ち、食欲のないときに活力を与えるのに最も適した春ナムルです。黄色い花が咲く前に柔らかい芽を切って使います。特にビタミンCが多く含まれているので、春のおかずとしてはもってこいです。

　浅漬けは塩に漬けずに調味料で和えてサラダのようにしてすぐに食べます。洗うときも軽くふるようにして、和えるときも崩れないように指の力を抜き、払うように軽く和えます。

　そして春キムチにはニンニクをたくさん使うと味が落ちるので少しだけ加え、タマネギはキムチを早く漬かせるので夏キムチ以降は使いません。

　ここでは秋に干した干し柿とサクサク感が楽しいりんごを加えて和えました。漬けて食べるキムチに果物を加えると、キムチの汁がどろどろになり臭みもでますが、浅漬けには果物が合います。果物はサクサクした噛み応えと甘さを与えるだけではなく、冬に比べてより多くのビタミンが必要になり、春にだるくなりがちな体に栄養をプラスしてくれます。

夫の故郷の羅州は柿が名産で、その優れた甘味が有名です。干し柿を子どもの指の太さほどに切り、ざるで完全に乾燥させてキムチを漬けるときに入れます。噛めば噛むほど口の中で甘味が広がり、口が寂しいときには一つ、また一つ食べたりしますが、もちもちとしてとても甘いです。

6 ツルマンネングサの水キムチ

돌나물물김치

新春に食べると
本来の味が味わえる
さわやかで素朴な水キムチ

材料

- ◆ ツルマンネングサ　500g
- ◆ りんご　1個
- ◆ 赤唐辛子　1個
- ◆ ナツメ　1個
- ◆ キムチの汁
  水…5カップ、唐辛子の粉（パウダー）…大さじ2～3、塩…大さじ2、昆布だし（➡P.31）…大さじ2、みじん切りにしたニンニク…大さじ2

作り方

❶ ツルマンネングサは青臭くならないように軽くふり洗いした後、ざるにあげて水を切ります。

❷ りんごは洗って皮ごと6cmの長さに細切りにします。

❸ ナツメは縦に切れ目を入れ開き種を除いて丸めて切り、赤唐辛子は斜め切りにします。

❹ ツルマンネングサと切ったりんごを混ぜて器に入れておき、別の器に水を入れ、目の細かいこし器に唐辛子の粉を入れて、唐辛子の粉が水に入らないように溶かして、水を唐辛子の色に染めます。

❺ 唐辛子の汁に昆布だし、みじん切りにしたニンニクを入れて味を付けた後、塩加減を整えキムチの汁を作ります。それをツルマンネングサに注ぎます。ナツメと赤唐辛子を載せればすぐに食べることができます。

新春、野原と山に勢いよく地面を突き破って育った若い葉と芽でつくる春のナムルの「健康な味」は、ほかの何物にもかえられません。しかし忙しさを理由にナムル刈りを後回しにすると、かたくなったり花を咲かせてしまいます。

薬になる春のナムルにも時期があり、最もおいしくて栄養が豊富な時間はそれほど長くないので時期を逃しがちです。

最近はハウス栽培が発達していつでも買って食べることができますが、自然が育てた味とは比べものになりません。ツルマンネングサも春ナムルに適したもので、理由もなく眠くてだるい春には、その香りが鼻を通り抜けていきます。

またツルマンネングサには疲れを取るビタミンCをはじめ、女性の骨粗鬆症に効果的なカルシウムと鉄分が豊富です。

水キムチにするときは、青臭さが気にならないように、唐辛子の汁を作って注ぎます。このとき、唐辛子を直接入れるとキムチの汁が濁るので、こし器に入れて唐辛子の色だけで赤く染め、ここに昆布だしを入れるとより深い味になります。

りんごを多く入れるとツルマンネングサが青臭くなってしまいます。またりんごを太く切ると、ツルマンネングサと合わさらないし、細すぎるとすぐ崩れて汚くなるので太さ０・５cmほどの細切りにします。そうすると材料たちがよく絡み合いツルマンネングサのサクサク感とりんごの甘味を十分味わうことができます。

1 ノビルキムチ

달래김치

新春、ひりっとする味で、食欲をそそり、薬になる

材料

◆ ノビル	300g
◆ ニラ（3cm）	一握り
◆ みじん切りにしたニンジン	少々
◆ 赤唐辛子	少々

◆ ヤンニョム
イワシのエキス…大さじ 3、プルグック（➡P.31）…大さじ 2、唐辛子の種…大さじ 1、唐辛子の粉…大さじ 2、みじん切りにしたニンニク…大さじ 1

作り方

❶ ノビルは、根の部分の黄色く浮いた外側の皮を剥いてきれいに下ごしらえをし、細いひげ根はそのままに、洗って水を切ります。

❷ 下ごしらえをしたノビルを7cmほどの長さに切ります。赤唐辛子は3cmほどの長さに切った後、種を除いて細切りにします。

❸ 器にヤンニョムの味付け材料を入れてよく混ぜた後、みじん切りのニンジンと赤唐辛子、ニラを加えて混ぜ合わせたらノビルを入れ、軽く和えてすぐに食べます。

食欲がない春にはひりっとするノビルほど適した春ナムルはありません。同じ春ナムルでも生で食べておいしいものと、ヒリヒリ感を除くために少し茹でるとおいしいナムルがありますが、ノビルは「生物を和えて食べる料理」というナムル本来の意味で、おいしく食べられる食材です。

また春ナムルは苦味がありますが、これが即効的に食欲をそそるし、不足していたビタミンなどを補充してくれるので、補薬と言ってもいいでしょう。

ただ、下ごしらえに手間がかかるのが短所です。根があまりにも太いものは辛さが強くて胃を傷つけるかもしれませんので、中間の大きさのものを下ごしらえして食べやすい大きさに切った後、食欲をそそるようにヤンニョムに和えます。

形が崩れないように、気を付けて和えるのがいいでしょう。みじん切りのニンジンやみじん切りの赤唐辛子は赤い色を加え、よりおいしそうに見せるためのものなので、入れる量は少しにしましょう。

炊いたばかりの熱々のご飯と一緒に箸が届きやすい場所に置けば、ご飯一膳はみるみるなくなってしまいます。

今は食べ物が豊かで、下ごしらえがきちんとできたナムルをお金を出して食べるのが普通ですが、昔はあちこちに咲いていて自分で採れるナムルを食卓にのせました。買って食べるということは想像だにできないことでした。

いちいち採り、下ごしらえをするのはたいへんでしたが、それでも舌にうるさい大人たちが芳しい春ナムルのおかず一つで、ご飯茶碗をすぐからにしてしまうので、手間を惜しみませんでした。

ノビルはヨモギと一緒に春が来たことを知らせる代表的なナムルです。先端の丸い部分に辛さが集中しており、白くて長い根はさわやかな春の味がいっぱいです。生で食べたとき、ぴりっとする辛さと香りを味わうことができます。

8 タラの芽キムチ

두릅김치

自然の味と香りを
そのままに味わえる
ヤンニョムを最小限に
抑えた季節のキムチ

作り方

❶ タラの芽は下のかたい部分を切り取り洗った後、根元に十字に切れ目を入れてざるにあげ、水を切ります。

❷ 器に分量のヤンニョムを入れ、材料をよく混ぜます。

❸ ヤンニョムにタラの芽を入れて形が崩れないように軽く和えてすぐに食べます。

材料

◆ タラの芽　300g

◆ ヤンニョム

アミの塩辛…大さじ1、昆布だし（➡ P.31）…大さじ2、唐辛子の粉…大さじ2、唐辛子の種…大さじ1、みじん切りにしたニンニク…大さじ1、切ったニラ…大さじ1、みじん切りにした赤唐辛子…小さじ1、梅実清…大さじ1

「春のタラの芽は金で、秋のタラの芽は銀」という言葉があります。ちょっぴりの苦味と香りがいい春のタラの芽は、貴重でおいしいということです。

苦味を出すサポニン成分が血液の循環をよくし、森の中にいるように神経を安定させるというので、気だるい春には必ず食べる一番の山菜ナムルでしょう。

そうはいっても最高級品の高価なタラの芽でキムチを漬けないでください。新鮮で若いタラの芽は茹でて、チョコチュジャン（酢を入れたコチュジャン）につけて食べるのが一般的です。

春ナムルはたまたま手に入ったハウス栽培のタラの芽で作ります。口いっぱいに広がる春を感じることができるように、最小限のヤンニョムで和えます。柔らかい香りとサクサクとする噛み応えが自然そのものを食べるような気分になり、〝山菜の帝王〟と呼ぶにふさわしいです。

キムチに梅実清を入れることは滅多にないですが、例外としてタラの芽キムチには少し入れます。苦味を少し軽減するためです。ヤンニョムには水気があまりないですが、タラの芽と和えると適度な水分が出ます。塩加減はひかえめに。

タラの芽（トゥルプ）はチャムドゥルプ（タラの芽）とケドゥルプ（ハリギリの若芽）に分かれ、木のタラと土のタラに分類できます。江原道《カンウォンド》（大韓民国の北東部にある行政区画）地方で短期間で採取するチャムドゥルプは、タラの木の新芽で6〜7㎝ほどの大きさの茎に棘があります。ケドゥルプはハリギリと言われるウコギ科の木から出る新芽で香りが強く薬効に優れます。長さが短いものが味と香りがよくて、新芽が開いておらず太くて下の部分に赤い皮がついているものを選びます。

9 エゴマの葉キムチ

体中に春の気運を入れ込む 香ばしい即席キムチ

깻잎김치

材料

- ◆ エゴマの葉　10 束（約 100 枚）
- ◆ みじん切りにしたニンジン　大さじ 1
- ◆ みじん切りりにした玉ねぎ　大さじ 1
- ◆ 切ったニラ　大さじ 1
- ◆ みじん切りりにした赤唐辛子　大さじ 1
- ◆ 酢　小さじ 1
- ◆ ヤンニョム

　みじん切りにしたニンニク…大さじ 1/2、唐辛子の種…大さじ 1/2、、昆布だし（➡P.31）…大さじ 2、イワシのエキス…大さじ 5

作り方

❶ エゴマの葉は、水に10～20分ほど浸けて流れる水でふり洗いした後、水に酢を加えてもう1回洗います。

❷ 洗ったエゴマの葉は、1枚ずつ重ねた後、ざるにあげて水を切ります。

❸ 器にニンジン、玉ねぎ、ニラ、赤唐辛子を入れてヤンニョムの材料を加えた後、よく混ぜます。

❹ ❸にエゴマの葉を入れ、2～3枚重ねた葉の間にスプーンですくったヤンニョムを塗ればすぐに食べられます。

❺ 残ったものは1回に食べる量に分けて葉の向きを交互にかえながら重ねてにハンアリや容器に納めた後、しおれたら上下をひっくり返し保管して食べます。

冬の間食べたキムジャンキムチが、熟成と発酵の過程で完成される深い味、もしくは古い味と言うならば、春キムチは青く育つ春のように、気だるい体に活力を吹き込む新芽のように爽やかな味でしょう。

　新春の野菜は自然の気運をたっぷり受け取って育っており、特別な味漬けをしなくてもそのままで珍味になり、薬になります。エゴマの葉は1年中ありますが、柔らかい新エゴマの葉で漬けるキムチは格別です。柔らかい若い葉にイワシのエキスで作ったヤンニョムを載せて直ぐに口に運びます。口の中にぴりっと広がるさわやかな香りが、目を覚ましてくれます。

　エゴマの葉に使う農薬を心配する人がいるようですが、野菜に残っている農薬は水でよく洗えば心配ありません。水に10〜20分ほど浸けてから2〜3回洗って、最後に酢を入れた水で洗うとよいでしょう。

　洗ったエゴマの葉は水がよく切れるように縦にしてざるに入れ、軸は0・5〜1cmを残して切ると食べやすくなります。

　即席キムチが残っても、10日、長くて半月の間はおいしくいただくことができます。このとき、エゴマの葉が汁に完全に漬かるようにしてください。そうしないと、エゴマの葉が黒くなります。

　ヤンニョムを混ぜたものを作っておき、食べる都度に塗って食べてもエゴマの葉の新鮮な味と香りを楽しむことができます。

10 ホウレンソウキムチ

시금치김치

素朴で、それで一層
嬉しくて甘い春の浅漬け

材料

- ホウレンソウ　200g
- ニラ（5～6cm）　1/2握り
- わけぎ（5～6cm）　一握り
- 細切りのニンジン　少々
- みじん切りにした赤唐辛子　少々
- ヤンニョム
  昆布だし（➡P.31）…大さじ2、アミの塩辛…大さじ1、唐辛子の種大さじ1、みじん切りにしたニンニク…大さじ1、唐辛子の粉…小さじ1

作り方

❶ ホウレンソウは根の部分を切り、大きいものは半分に切って洗った後、水気を切ります。

❷ 器に分量のヤンニョムを入れ、ニラとわけぎ、細切りのニンジン、みじん切りにした赤唐辛子を入れてよく混ぜます。

❸ ❷にホウレンソウを入れ、軽く和えた後、浅漬けを食べるようにすぐ食べます。

ホウレンソウは、豆付きもやしと同じくらい食卓に頻繁に上がる、とても懐かしい野菜です。雨水、啓蟄が過ぎ、鼻先を冷やした風も温かくなった頃には、甘いホウレンソウが真っ先に春が訪れたことを知らせてくれます。

　ホウレンソウはポムドンと同様、露地で冬を乗り越えた野菜です。ソムチョ、ナムチョ、ポヒャンチョなどとも呼ばれ、冬になる前に青く出た芽が地面についたまま冷たい冬の風に負けず開いて育ちます。根も冬を乗り越えるために丈夫に育ち、赤色が鮮明でしっかり見えます。さらに寒さで病虫害がないので農薬を使う必要もありません。

　日差しに十分さらされて寒さを乗り越えた越冬ホウレンソウは、香りが強く甘みもあり、ビタミンCやカルシウム、鉄分などが豊富だと言われます。特にホウレンソウは昔から貧血気味の女性や子どもに食べさせますが、それは葉酸と鉄分などが豊富に含まれているからです。茹でるよりホウレンソウキムチのように生で食べるほうが栄養素が破壊されないし、油で炒めると体に吸収しやすくなります。

　そのホウレンソウをニラとわけぎと一緒に和えると、肉料理に負けない栄養豊富なキムチが簡単にできます。アツアツのご飯に載せて口いっぱいほおばると、これこそが春の味であり、春の香りではないかと思えます。

11 プッマヌルキムチ

풋마늘김치

乾燥したエビを入れ
ネギキムチの代わりに漬けて
気力を補う若いニンニク

材料

◆ プッマヌル（ニンニクの若い茎）　約 500g
◆ 塩水（水 3 カップ、塩 1/2 カップ）
◆ ヤンニョム
プルグック（➡ P.31）…大さじ 2、アミの塩辛…大さじ 1、みじん切りにしたニンニク…大さじ 1/2、イワシのエキス…大さじ 2、昆布だし（➡ P.31）…大さじ 4、唐辛子の種…大さじ 2、唐辛子の粉…大さじ 3、乾燥したエビ…大さじ 3

作り方

❶ プッマヌルは根がついた部分を切り取り、土がついてないか確認しながら洗い、水気を切ります。
❷ 塩水を作りプッマヌルを入れ、一晩漬けます。そしてざるにあげて水気を切った後、白い部分が太いものは2等分にします。
❸ 器に分量のヤンニョムを入れ、乾燥したエビがしっとりするまでよく混ぜます。
❹ ❸のヤンニョムにプッマヌルを入れ、下の部分からヤンニョムを塗ります。そして2～3個ずつ握り青い茎で束ねて容器に入れます。すぐ食べてもいいし、辛味が苦手な方は常温で熟すまで待ち、熟したら冷蔵庫に移して保存しながら食べます。

プッマヌルはニンニクが熟成する前の柔らかい茎で、新春の4月頃に若い芽が出たとき、根ごと抜いたものが束ねて売られています。見た目は長ネギのようですが、身がしっかりとしてかたく、葉もネギよりかたく感じます。ニンニクのピリッとする辛味と香りをそのまま持ち、冬で疲れた我々の体に活力をもたらし健康にもよいありがたい野菜です。

キムチに漬けると、春キムチなのに長く保存して食べることもできます。普通に漬けてもいいですが、私は乾燥したエビを入れます。エビに味がつくとプッマヌルと相まって、噛み応えのある珍味になります。

ニンニクが体にいいのと同様、プッマヌルもやはりニンニクのいい成分をそのまま含んでいます。一般的にお湯で少し茹でヤンニョムして食べたり、炒め料理などに利用しますが、私はたくさん買って春キムチにし、春の気だるくて食欲のわかない体に活力を与えます。

あまりに太いものは中に芯があってかたく味も劣るので、太すぎず細すぎず、茎が太くてしっかりしているものを選びます。根の部分を曲げたときに柔らかく曲がるものもありますし、少しかたくても弾力を感じることができるものもありますが、一般的にはビニールハウスで栽培したものは、かたい気がします。

プッマヌルは、かたくて簡単に漬けることができないので、塩気の強い塩水で一晩よく漬ける必要があります。下の部分が太いと味が付かないので、包丁で切り太さを一定にします。

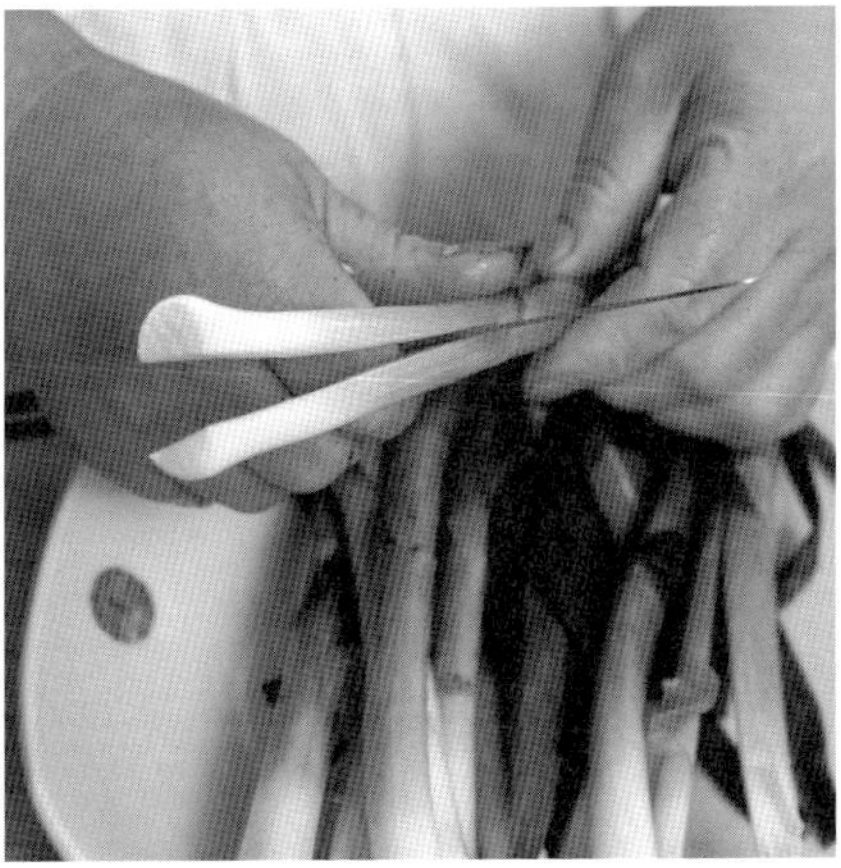

12

アオノリキムチ

파래김치

海の香りをいっぱい加え簡単に
食欲をそそる海藻珍味キムチ

作り方

❶ アオノリはざるに入れ、水の中で柔らかくふり洗いした後、素麺を丸めるように丸めます。形が崩れないようにざるにあげて水を切ります。

❷ 器にヤンニョムを入れ、切ったわけぎ、ニラ、セリ、赤唐辛子を入れて混ぜ、冷蔵庫に入れて冷やします。

❸ 皿に水を切ったアオノリをきれいに盛り、冷やしたヤンニョムを上にかけてもいいし、ヤンニョムにアオノリを入れ軽く和えて食べてもいいです。

材料

◆ 生アオノリ　5束
◆ 切ったわけぎ　大さじ1
◆ 切ったセリ　大さじ1
◆ みじん切りにした赤唐辛子　小さじ1
◆ ヤンニョム
イワシのエキス…大さじ2、アミの塩辛の汁…大さじ2、カレイの塩辛…大さじ2、昆布だし（➡ P.31）…大さじ2、みじん切りニンニク…大さじ1、みじん切りにした生姜…少々

冷たい風が吹く1月から4月までが旬のアオノリで漬けたキムチは、全羅道地方ではよく食べるキムチです。毎年春になると大人の食欲をそそるために頻繁に漬けました。アオノリさえあればさっと和えて食卓に出せ、味にうるさい大人にも好まれる、簡単なキムチでした。アオノリキムチが食卓にあがると、「香りがいいね」と、みんなご飯がすすみました。

昔からアオノリは芳しい香りがよく、甘味と酸味をたして和えて食べたり、生臭くても深い旨味のあるイワシの塩辛の汁を入れ、しっかり和えて食べたりしました。それだけではなく、すっと喉を通るクック（スープ）の材料としてもよく使いました。

大人もいなくなってしまった今は、アオノリが解毒作用に優れていると聞きヘビースモーカーである夫の健康のために漬けています。またアオノリはほかの海藻より体内コレステロール値を下げる働きがあるとされ、胃腸を整える成分がキャベツの70倍も多いそうです。

アオノリ特有の芳しい香りがヤンニョムに消されないようにプルグックは使わず、甘味も入れず淡白でさわやかに漬けています。アオノリは流れる水で洗うと痛んでしまうので、ざるに入れて洗いましょう。水気があまりないと味が落ちるので、ヤンニョムと混ざり合って水気が少し出るまで置き、ゴマをふって食べます。ナツメを縦に切れ目を入れ種を除いて丸めて切ったものを載せると、一味加わり一層高級に見えます。

冷蔵庫で冷やしたヤンニョムを少なめにかけるとおいしくいただけます。アオノリは目で見て黒くて艶があり特有の香りがあるものを選びましょう。

13

ひじきキムチ

海の香りをいっぱい含んだ
こりこりとする海藻キムチ

톳김치

材料

◆ ひじき　500g
◆ 細切りのニンジン　大さじ1
◆ 細切りの赤唐辛子　1個分
◆ 切ったわけぎ　大さじ1
◆ ニラ（4cm）　1/2握り
◆ ヤンニョム
イワシのエキス…大さじ3、みじん切りにしたニンニク…大さじ1、唐辛子の種…大さじ1

作り方

❶ ひじきはかたい茎を切って下ごしらえをします。鍋にひじきがすべて浸かるようにひじきの2倍の水を注ぎ、沸かします。

❷ お湯が沸いたらひじきを入れ、かき混ぜながら茹で、青くなったらさっと取り出し、冷水で洗って水を切ります。

❸ 器に細切りのニンジン、細切りの赤唐辛子、わけぎを入れ、ヤンニョムを入れた後よく混ぜます。

❹ 茹でたひじきを❸のヤンニョムに入れ、軽く和えた後、ニラを入れもう1回和えてすぐ食べます。

口の中でぷちぷちとはじけそうな柔らかいひじきを、イワシのエキスを入れて和えます。ひじきキムチは海を移したかのように芳しい香りと新鮮さで、お金を出しても買えない貴重な味を演出します。

ひじきは鹿のしっぽに似ていると言い、「鹿尾菜」とも呼びますが、日本では海の不老草と呼ばれ、食事のたびに出される長寿食品の一つとされています。韓国で生産したひじきの95%が日本に輸出されるそうです。

春から新夏までが最も柔らかくて味がいい時期なので、時期を逃すまいと春になると早めにキムチとして漬けたり、ひじきご飯を炊いてヤンニョムと混ぜて食べたりします。

ひじきキムチもアオノリキムチ同様、あっさりとしたさわやかな味を楽しむキムチなので、プルグックや砂糖などは使いません。酸味を楽しむために酢を入れてしまうと色が黄色く変わり、食感も悪くなります。

ひじきは艶があり太さが一定のもの、海の香りが濃くて太くってこりこりする新鮮なものを選びます。

ひじきや、わかめ、昆布のような海藻類は海の野菜と呼ばれ、地面で育つ野菜のように根、茎、葉などがあります。地面で育つ野菜が土の気運をいっぱい含んで我々の体を健康にするように、野菜と呼ばれる海藻類も海の豊富な栄養をいっぱい含んでいるので、食べると健康になる貴重な食べ物です。

ひじきには牛乳の10倍にもなるカルシウムが含まれているそうです。

14

セリの水キムチ

미나리물김치

さっぱりした汁にサクサクと
音までおいしい春の水キムチ

材料

- ◆ セリ　400 ～ 500g
- ◆ りんご　1/4 個
- ◆ 赤唐辛子　1 個
- ◆ ナツメ　1 個
- ◆ キムチ汁

水…7 カップ、唐辛子の粉…大さじ 2、みじん切りにしたニンニク…大さじ 1、昆布だし(➡ P.31)…1/2 カップ、プルグック（➡ P.31）…大さじ 2、塩…大さじ 2

作り方

❶ セリは柔らかい茎だけを取り下ごしらえし、真鍮のスプーンと一緒に水に1時間ほど浸けます。そして取り出したら水気を除き4～5cmの長さに切ります。

❷ りんごは皮ごと洗って半月の形に切り、赤唐辛子は斜めに切ります。ナツメは種を取り除き、輪切りにします。

❸ 器に唐辛子の粉以外のキムチ汁の材料を入れ、塩加減を調節します。目の細かいこし器に唐辛子の粉を入れ、唐辛子の粉が水に入ってしまわないように湿らせながら溶かし、キムチ汁を唐辛子の色に染めます。

❹ セリを器に入れ、唐辛子の粉を溶かしたキムチ汁を注いだ後、りんごと赤唐辛子、ナツメを浮かします。2時間後に塩加減を確認し、味が薄かったら塩で味を整えてすぐ食べてもいいですし、冷蔵庫に入れて冷たくしてもおいしくいただけます。

セリの茎は中が空洞で柔らかく、香りが食欲を誘います。新春のセリの味と香りが熟成して逃げないように、急いでりんごと一緒に唐辛子の粉をこした水キムチに漬ければ、冬の間鈍くなった味覚と食欲に活気を与えてくれます。

また、セリの水キムチはあっさりしてさわやかな味なので、お酒が好きな夫の酔い覚ましの役割も果たします。冬にはトンチミの汁が、新春から夏まではセリの水キムチがあるので、夫の酔いを覚ますために特別に何かを作ったことはないほどです。セリが冷たい食べ物なので、おそらくお酒による喉の渇きや二日酔いの解消に効果的で、お酒で疲れた肝臓の解毒にも適しているのでしょう。

セリの水キムチは辛すぎずしょっぱすぎずに漬けると本来の味を楽しむことができます。大量の唐辛子の粉を溶かすより、赤いチョンヤンコチュ（普通のものより辛い唐辛子）を細切りにしたり斜めに切ったりして入れ、ちょっぴり辛味を出すとよりいいです。塩辛を入れるとさっぱり感がでないので、にがりを十分抜いた塩でキムチ汁の塩加減を整え、りんごは崩れないように最後に入れます。

採りたてのセリを真鍮スプーンと一緒に1時間ほど水に浸けるのはヒルを取り除くためです。キムチ汁を唐辛子の色に染めるときは、汁が濁らないように必ずこし器を使います。唐辛子の粉をこし器に入れた後、湿らせるように水を少し注ぎ、スプーンや手で崩しながら溶かします。こし器に残っている唐辛子の粉はもったいないので捨てずに、チゲやクックを作るときに入れます。

15

セリと豆モヤシのキムチ

미나리콩나물김치

サクサクとにぎやかに春を迎えたい
宗家の嫁の心を盛り込んだ珍味キムチ

材料

- ◆ セリ　400～500g
- ◆ 豆モヤシ　500g
- ◆ 斜めに切った赤唐辛子　1個分
- ◆ 塩　少々
- ◆ ゴマ　適量
- ◆ ヤンニョム
  乾燥した唐辛子…10個、イワシのエキス…大さじ3、みじん切りにしたニンニク…大さじ1、唐辛子の粉…大さじ2

作り方

❶ 豆モヤシは頭としっぽを取り除き、洗った後水気を切ります。セリは下ごしらえし、真鍮スプーンと一緒に水に1時間ほど浸けた後、水気を除き5～6cmの長さに切ります。

❷ 鍋で十分お湯を沸し塩を入れた後、豆モヤシを先に茹でてからセリを入れます。上下にかき混ぜながらセリが青くなるまで茹でた後、ざるに入れて手で絞るようにして水気を取ります。

❸ 乾燥した唐辛子は3～4cmの長さに切り、水に浸けてからすり鉢に入れ、十分すります。ここに残りのヤンニョムを入れよく混ぜます。

❹ ヤンニョムに豆モヤシとセリを入れよく混ざるように柔らかく和えます。和えたらすぐ赤唐辛子とゴマを載せ、食べ残ったものは冷蔵庫に保存し、1週間以内に食べきります。

わが家は1年中お客さまの足が絶えません。お客さまにはいつも誠意を尽くしているのですが、いつも不足なものがなかっただろうかと気になってしまいます。そんな私の心を理解してくれたのか、わが家のお客さまたちは後日家を訪れたり電話する機会があると、以前食べた料理で印象に残ったものを忘れずに話してくれるようになりました。意外な料理をほめてくださり驚くときがありますが、セリと豆モヤシの水キムチもその一つです。

身が太い豆モヤシの頭としっぽを取り、春の香りいっぱいのセリと一緒に茹でた後、すり鉢で乾燥した唐辛子をすり、ピリッと辛く和えてアツアツのご飯と一緒に出しました。

「大根の茎は一時のもので、セリは1年のものだ」という言葉があります。セリは水の中に根だけ残っていれば、切っても切ってもいつでもすくすくと育ちます。このような強い生命力のおかげで我々はサクサクと芳しい味を1年中楽しむことができます。春、ほのかなセリの香りに酔いたいとき、セリが中途半端に残っているときに豆モヤシと一緒に和えましょう。

乾燥した唐辛子の代わりに唐辛子の粉を大さじ5杯入れて漬けてもいいでしょう。セリは多く入れると香りがよく噛み応えがいいし、ゴマをたっぷりふって食べると香ばしさが増します。

セリはたんぼで育ったセリより、はたけで育ったセリのほうが中身がしっかりしていておいしいですが、茎が短くて太いものが柔らかく甘いです。堀端で育った赤くて太いセリはしっかりとした味がしません。

16 白菜浅漬け

배추겉절이

柔らかい春の白菜で
赤くヤンニョムして
熱々のご飯に載せて
食べましょう

作り方

❶ 白菜は下ごしらえし根元に5cmほどの切れ目を入れ、前後をひっくり返しながら塩水にたっぷり漬けます。

❷ 白菜の軸が柔らかくなる程度に漬けたら、水で2～3回洗い、半分に切りざるに入れて水気を十分切ります。

❸ まな板に水気を切った白菜を載せ、斜めに切れ目を入れながら長めに切ります。

❹ 器に唐辛子の粉を除いたすべてのヤンニョムを入れて混ぜた後、唐辛子の粉を入れ、さらに混ぜます。

❺ 赤く和えたヤンニョムに白菜を入れ、軽く和えた後、わけぎを入れ、さらに和えます。熱々のご飯に載せていただきます。

材料

- ◆ 白菜　1/4 株（500g）
- ◆ わけぎ（4cm）　1/2 握り
- ◆ 塩水（水 2・1/2 カップ、塩 1/2 カップ）
- ◆ ヤンニョム

プルグック（➡ P.31）…1/3 カップ、イワシのジンジョッ…大さじ 3、アミの塩辛…大さじ 1、唐辛子の種…大さじ 1、みじん切りにしたニンニク…大さじ 1、唐辛子の粉…大さじ 3

春の気配がはっきりする4月から夏までよく食べるキムチの中では、白菜浅漬けが最高です。内側が黄色い春の白菜を長めに切り、乾燥した唐辛子をすり鉢で粗くすりさっと和えたり、ピリッと辛くなるようにチョンヤンコチュ（辛い唐辛子）と細かくすった唐辛子の粉をたっぷり入れて和えたりします。

　白菜浅漬けはすぐ和えて熱いご飯に載せて食べるときが最も幸せです。もちろん、あさりをたっぷり入れて作ったカルグクス（麺料理の一種）やスジェビ（韓国式すいとん）と一緒に食べてもたまりません。

　白菜は葉が柔らかく新鮮で、中身がぎっしり詰まっているものを選びます。漬ける時間は家によって塩加減が違うので、白菜の軸が弓のように柔らかく曲がる程度に漬ければいいでしょう。すぐ和えて食べるキムチなので、あまり漬けすぎるとしょっぱくなって味が落ちてしまいます。

　白菜を塩水で漬けるときには、必ず丸ごと漬けてから和える前に切ります。あらかじめ切っておくと簡単に漬けることができますが、甘味が抜けてキムチの香ばしさが軽減し味が落ちます。

　また、浅漬けは長めに切ったほうがおいしそうに見えます。また唐辛子の種はキムチに唐辛子の栄養とピリッとする辛さを加えるために入れます。唐辛子は可能な限り最後に入れて和えたほうが赤い色が鮮明になり、おいしそうに見えます。

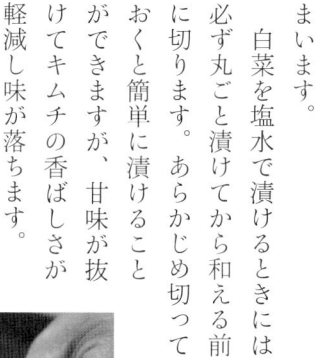

17 春菊キムチ

青々しい味と香りで
食欲をそそる珍味キムチ

쑥갓김치

材料

◆ 春菊　150g
◆ ニラ（3cm）　1/2 握り
◆ ヤンニョム
アミの塩辛の汁…大さじ 1、昆布だし（➡ P.31）…大さじ 2、唐辛子の種…大さじ 1、唐辛子の粉…大さじ 1、みじん切りにしたニンニク…大さじ 1

作り方

❶ 春菊は茎が柔らかいものを用意し、下ごしらえをしてから洗った後、ざるにあげて水気を切ります。
❷ 器にヤンニョムを入れよく和えた後、ニラを入れ和えます。
❸ ヤンニョムとニラが合わさったら水気を切った春菊を入れて軽く和えて、すぐ食べます。

胃腸を温め腸を丈夫にする野菜として広く知られている春菊は、つんとするさわやかな香りを持っています。主にメウンタン（魚、または魚のあらでダシをとった辛い鍋料理）に入れたり、サム（野菜でいろんな材料を包んで食べる料理）に使ったり、さっと茹でてナムルでいただきますが、アミの塩辛に唐辛子の種、唐辛子の粉などを入れさっと和えてキムチにもしてみます。

一度友人に披露すると、食べた後しばらくして「どんな材料でも、その手が加わるとキムチになる。いったいそのアイディアはどこから出るの？」と聞かれました。

料理はやっているうちに腕が上がって応用力もついてきます。やっているうちに材料の特性を把握でき、その特性に合わせて漬け方やヤンニョムでの味の付け方もわかるようになります。

季節が冬から春に変わるとき、我々の体は活動量が増加し、エネルギーの消耗量も多くなるので、理由もなく気だるくて眠くなります。こんなとき、春菊でキムチを漬け、不足しがちなビタミンを十分供給することも主婦の知恵です。

春菊キムチは春から夏まで漬けて食べる珍味キムチですが、1年中春菊を手に入れることができるので、季節を考えず食欲がないときに漬けても味を楽しめます。

春菊キムチは春菊が柔らかいので塩水に漬けません。長く保存すると水がでますので、1回の食事で食べきる量だけ漬けると一番おいしくいただけます。春菊は葉に艶があり新鮮で花軸が出ないものがいいでしょう。もちろん、茎の太さが一定であることも重要です。和えるとき、手に力を入れてしまうと、しおれて味も悪くなります。

18

プッコチュソバギキムチ

풋고추소박이김치

ピリッとする辛味で食欲をそそり
健康まで支える珍味キムチ

材料

- ◆ プッコチュ（青唐辛子）　10個
- ◆ 切ったニラ　大さじ1
- ◆ みじん切りにしたニンジン　大さじ1/2
- ◆ みじん切りりにした赤唐辛子　大さじ1/2
- ◆ みじん切りりにした玉ねぎ　大さじ1/2
- ◆ 塩水（水1カップ、塩大さじ2）
- ◆ ヤンニョム
  プルグック（➡P.31）…大さじ2、アミの塩辛…大さじ1、イワシのエキス…大さじ4、みじん切りにしたニンニク…大さじ4、昆布だし（➡P.31）…大さじ3、唐辛子の種…大さじ1、唐辛子の粉…大さじ2

作り方

❶ プッコチュは大きすぎず小さすぎない新鮮なものを用意し、洗った後ヘタを1cm程度残して先端を切ります。

❷ 分量の材料で塩水を作り、唐辛子を丸ごと入れて1時間ほど漬けた後、水気を切ります。そして縦の切れ目を入れます。

❸ 器にニラとニンジン、赤唐辛子、玉ねぎを入れ、唐辛子の粉以外のヤンニョムをすべて入れ、よく混ぜます。

❹ ヤンニョムに唐辛子の粉を加え、また混ぜて薬味を作った後、切れ目を入れた唐辛子の中に入れます。

❺ 熟成しすぎると柔らかくなりサクサク感がなくなるので、すぐに切って食べるか常温で2～3時間置いてから冷蔵庫に入れます。

韓国は四季がはっきりしているので、季節ごとに違う味を持つ食材を手に入れることができます。料理をする者にはとても楽しかったのですが、最近は5月にも関わらず夏がすっと近づいたような暑さです。真夏に食べていたプッコチュソバギキムチを5月から漬けることも自然になりました。

唐辛子の辛味成分が体内に入り、胃液の分泌を促進し失いがちな食欲をそそり、血液循環をよくして気力を発散させます。また、唐辛子にはりんごの50倍に及ぶビタミンCが含まれ、体にとてもいい食材です。さらに、暑さで冷たい料理を食べたり、エアコンと扇風機で冷えた体を、適度に辛い唐辛子キムチが温めます。チョンヤンコチュ（普通のものより辛い唐辛子）で漬けると辛味が強いのでたくさん摂取できないし、アサギコチュ（辛くない青唐辛子）という大きい唐辛子は噛み応えはいいですが、大きいので中に詰める餡が多くなり塩加減の調節が難しくなります。それでわが家では適度な大きさでちょっぴり辛いプッコチュだけでキムチを漬けます。ヘタが乾いていないものがよいプッコチュで、触ってかたいもののほうが大体辛いです。

プッコチュソバギキムチは、塩水に漬けることがポイントです。このときに切れ目をいれると、漬けている間においしい成分がすべて抜けてかたくなります。種も取り除きません。

味を出すために果物をおろしたり栗を入れたりもしません。すぐ柔らかくなり、汁も濁りはじめ、あっさりと舌をほどよく刺激しなくなるからです。食感を出すためにニラとニンジン、赤唐辛子などを少しずつ入れる程度で十分です。

19 キュウリカクテキ

辛い花嫁修業のおかげで特許までもらうようになったキュウリキムチ

오이송송이김치

材料

- ◆キュウリ　5本
- ◆酢　少々
- ◆塩水（水2カップ、塩大さじ2～3）
- ◆ヤンニョム

乾燥した唐辛子…4個、水…大さじ2、プルグック（➡P.31）…1/4カップ、みじん切りにしたニンニク…大さじ1、エビの粉…大さじ1、アミの塩辛の汁…大さじ1、イワシのエキス…大さじ1、唐辛子の粉…大さじ2、唐辛子の種…大さじ3

作り方

❶ キュウリは丸ごと洗ってそのまま塩水に入れ、柔らかく曲がる程度に3時間ほど漬けます。

❷ 酢少々を落とした水で塩水に漬けたキュウリを軽く洗い、ざるにあげて水気を切ります。

❸ 水気を切ったキュウリは、縦に長く4等分して、両端を取り除き、3cmの長さに切ります。

❹ すり鉢に乾燥した唐辛子を2cmの長さに切って入れ、水大さじ2を注ぎながら細かくすり、残りのヤンニョムを入れよく混ぜます。

❺ ❹のヤンニョムにキュウリを入れ軽く和えた後、すぐ食べてもいいですし、冷蔵庫に保存して食べてもいいです。

毎日のようにキムチを漬けながら44年をキムチと一緒に過ごしました。いつの間にかキムチをよく漬ける宗家の嫁だと噂になり、日本やアメリカなど、海外でも韓国の伝統料理であるキムチ作りを教えるようになりました。羅氏宗家を代表する何種類かのキムチには特許をもらいましたが、このキュウリカクテキ（オイソンソンイキムチ）もその一つです。

もともと「オイソンソンイ」は宮中で食べるキムチです。宮中では大根のカクテキを「ソンソンイ」と呼んでいました。つまり、キュウリをカクテキのように小さく切って漬けたことで、「オイソンソンイ」と名前を付けたもので、芳しい香りとあっさりとしてサクサクする食感は味にうるさい宮中の人々を虜にしました。

キュウリはすぐに柔らかくなる性質があり、サクサク感をどれだけ維持できるかが味のポイントです。まずキュウリは長くもむと青臭くなり味が落ちるので、軽く洗います。洗う水に酢を落とすと、塩で実をもみながら洗わなくても消毒効果があります。また水がつくと柔らかくなってしまうので、キュウリを切ってから塩水に漬けてはいけません。

すり鉢で乾燥した唐辛子をすり、昔の方法で漬けると、10日が過ぎてもサクサクした音までおいしいキムチになります。すり鉢がないときは唐辛子の粉大さじ2でもかまいません。キュウリは熟成すると柔らかくなり早く酸っぱくなるので、熟成させずに冷蔵庫で保管して食べます。

またキュウリは、実の突起が痛いほど尖っているものが新鮮です。日差しに十分さらされたものは緑色が濃くて艶があります。

20 ムマルレンイポッサムキムチ

무말랭이보쌈김치

貯蔵したムマルレンイを入れ
中は柔らかく
外はかたい
噛み応えを楽しむ

材料

- ◆ ムマルレンイ（切り干し大根）　50g
- ◆ 白菜の葉　10枚
- ◆ わけぎ（4cm）　一握り
- ◆ カラシナ　一握り
- ◆ 塩水（水3カップ、塩1/3カップ）
- ◆ ヤンニョム
  プルグック（➡P.31）…1/3カップ、エビの粉…大さじ1、イリコの粉…大さじ1、カレイの塩辛…大さじ1、みじん切りにしたニンニク…大さじ1、唐辛子の粉…大さじ3、唐辛子の種…大さじ2

作り方

❶ ムマルレンイは水で力強くもんで埃をきれいに洗った後、少な目の水に入れ柔らかくなるまでふやかします。

❷ 白菜の葉を塩水に4時間ほど漬けて柔らかくし、ざるにあげて水気を切ります。

❸ 器にプルグックと分量のヤンニョムを順番に入れ、よく混ぜます。水気を絞ったムマルレンイをヤンニョムに入れ勢いよく混ぜ、ムマルレンイに色が付いたらわけぎとカラシナを入れます。

❹ 塩水に漬けた白菜の葉2枚にヤンニョムしたムマルレンイを載せて丸め、食べやすい大きさに切ります。

晩春から初夏になる頃、わが家では、大根が旬の昨年の冬に冷たい風にさらしながら日差しで乾燥させたムマルレンイを入れて、ポッサムキムチ（牡蠣やえび、イカ等を白菜キムチで包んだもの）を漬けます。ヤンニョムとよく絡み合ったムマルレンイの食感が旨味を出しますが、柔らかく茹でた肉を添えて、夏バテに向き合うための体力をあらかじめ養っておきます。

ポッサム用のムマルレンイを乾燥させるときには、厚めに切ると、こりこりとした噛み応えを楽しむことができます。わが家では和え物用は細く、ポッサム用は太く、煮物用はその中間の太さで切り、区別して乾燥させます。冬、雪が降り積もったり、凍ったり溶けたりをくり返す軒下には、いつも大根が干してあります。次の年に使うために、冬の大根を一生懸命貯蔵するのです。

ムマルレンイは、カルシウムの吸収によくて骨を丈夫にするビタミンDが豊富です。ヤンニョムに和えるときには、後で水が出るので、最初は少しどろっとした状態で、手に力を入れて和えると味が深く付いておいしくなります。このキムチはなるべく早く召し上がってください。

夏の食卓

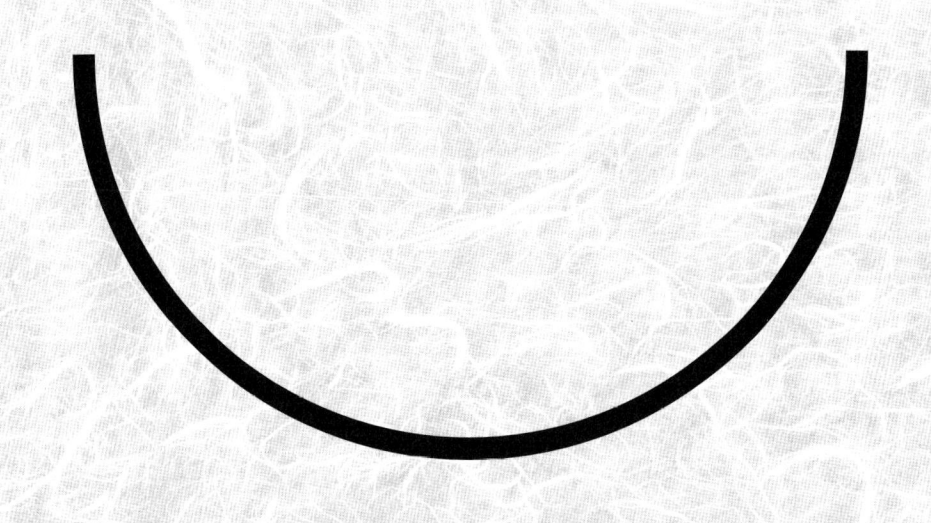

1

オイソバギの水キムチ

오이소박이물김치

あっさりとした汁と一緒に
夏の暑さを忘れさせる
宗家の嫁の秘法

※唐辛子は韓国産唐辛子を想定した分量です。また特別な指定がないものは中粗の唐辛子を使ってください。

材料

◆ **オイ**（キュウリ、20cm）　6本
◆ **酢**　小さじ1～2
◆ **塩水**（水3カップ、塩大さじ3）
◆ **薬味**
細切りの赤唐辛子…大さじ1、細切りのニンジン…大さじ1、細切りの玉ねぎ…1/8個分、ニラ（2cm）…一握り、唐辛子の種…大さじ2、みじん切りにしたニンニク…大さじ2、生姜汁…小さじ1/8
◆ **キムチ汁**
水…3カップ、昆布だし（➡P.31）…大さじ3、みじん切りにしたニンニク…大さじ1、みじん切りにした生姜…小さじ1/8、プルグック（➡P.31）…大さじ2、塩…大さじ1、唐辛子の粉…大さじ2

作り方

❶ キュウリは軽くこすりながら洗い、最後に酢を入れた水でもう1回洗います。
❷ 塩水に、キュウリを入れ柔らかく曲がる程度に3～4時間浸けます。先から5cmのところまで縦に切れ目を入れます。
❸ 器に細切りにした赤唐辛子、ニンジン、玉ねぎとニラをいれ、唐辛子の種、みじん切りにしたニンニク、生姜汁をいれた後、和えて薬味を作ります。
❹ キュウリの切れ目の間に和えた薬味を入れ、保管容器に積み上げるように並べます。
❺ 薬味を和えた器に唐辛子の粉を除いたキムチ汁の材料をすべて入れた後、こし器に唐辛子の粉を入れ粉が汁に入らないように注意しながら溶き、赤く汁を染めます。
❻ 薬味を入れたキュウリに赤く染めたキムチ汁を注ぎ、常温で熟成させた後冷蔵庫で保存します。

夏の間に食べるわが家の代表的な水キムチです。ピリッと辛くあっさりとした汁と、一緒に食べるとサクサクする噛み応えがたまらないこの水キムチ。味の秘訣は、いかにしてすべて食べつくすまでキュウリのサクサク感を維持するか、ということに尽きます。

まず外は塩辛く中は薄味に漬けるためには、キュウリを洗い丸ごと塩水に入れて曲がる程度に漬けた後、包丁で切れ目を入れることです。そうすることにより中の旨味が抜けないので、柔らかくなりすぎません。

同じ原理で中の味が抜けないように、薬味の材料には味を付けず汁に味を付けるようにします。時間が経つと塩辛いキュウリの外側から塩気が抜け、全体の塩加減が調和します。

また、薬味には必ずニラを入れますが、ニラはキュウリが柔らかくなるのを防ぎ、キムチの熟成速度を遅くする役割をするので、味も生かし熟成する速度も調節できるという効果があります。以上の原則だけ守れば、誰もがサクサク感が長持ちするオイソバギの水キムチを作ることができます。

ときどきキュウリを塩でこすって洗うべきですかと聞かれることがありますが、塩をつけてこすってしまうと、こする間にキュウリが柔らかくなってしまいます。水で軽く洗ってから、最後に酢を少々入れた水で洗って消毒しましょう。

2

オイソバギ

味に厳しい夫も一皿すぐ空にする夏キムチ

오이소박이

材料

◆ キュウリ　10本
◆ 酢　大さじ1
◆ 塩水（水5カップ、塩大さじ5）
◆ 薬味
ニラ…1/3束、赤唐辛子…1個、細切りのニンジン…大さじ2、切ったわけぎ…大さじ2
◆ ヤンニョム
プルグック（➡P.31）…大さじ4、みじん切りにしたニンニク…大さじ2、唐辛子の種…大さじ3、昆布だし（➡P.31）…大さじ2、イワシのエキス…大さじ2、唐辛子の粉…大さじ6、エビの粉…大さじ2、アミの塩辛…大さじ1、グリーンスイート…少々

作り方

❶ キュウリは軽くこすりながら洗い、最後に酢を入れた水でもう一回洗います。
❷ 塩水にキュウリを丸ごと入れ、柔らかく曲がる程度に3～4時間浸けてから取り出し、水を切ります。
❸ 漬けたキュウリは3cmの長さに切った後、一方の端がバラバラにならないように先端から1cmほど残して3等分するように縦に長く切れ目を入れます。
❹ ニラは4～5cmの長さに切り、赤唐辛子は細切りにした後、細切りのニンジン、わけぎと一緒に器に入れ、ヤンニョムを和えて薬味を作ります。
❺ キュウリの切れ目の間に和えた薬味を入れ、ハンアリや容器に入れた後、常温で寝かします。汁に味が付いたら冷蔵庫に入れます。

オイソバギ（キュウリソバギ）は、キュウリに十字の切れ目を入れ（写真は3等分です）、その間に薬味を入れて食べるキムチです。わが家では春から夏にかけてよく食べるキムチの一つでもあります。一日中家にいても無口なのでいるのかいないのかわからない夫も、サクサクとあっさりしたオイソバギの前では「爽やかなキュウリの香りがいいね。食べた後お腹の調子もいいから、夏にはオイソバギが最高だし、その味はカン・スニのものが最高だ」と誉めてくれます。

自分が好きなオイソバギが食卓に出ると普段より少しだけ会話が長くなります。ほかのキムチばかりでオイソバギを出さなかった日は「夏にオイソバギがないと寂しい」と探します。私の料理を滅多に誉めない夫が「なんでほかの人はこの味が出せないんだろう」と聞くので、嬉しくなって思わず説明します。

「キュウリは種が多いとすぐに柔らかくなるの。春のものは種がないからソバギを漬けるには最高なの。塩水には丸ごと柔らかく曲がるように漬けるけど、中は薄く、外は塩辛く漬けないといけないのよ。塩辛と唐辛子を少な目に入れるとサクサク感がよくてあっさりとした味になるの」と。

春から夏まで漬けて食べるオイソバギは、サクサクと噛み応えが爽やかですが、ほかのキムチと比べ早く酸っぱくなってしまうので、1週間以内に食べる分だけ漬けましょう。キュウリは皮が淡い緑色を帯び、断面が三角形のようになっているものを選びます。

3

ヨルムキムチ

열무김치

若い大根以外は何も入れずに
きれいに漬けて食べる夏キムチ

材料

◆ ヨルム（間引き大根）　1〜1.2kg

◆ 塩水（水5カップ、塩1/2カップ）

◆ ヤンニョム

乾燥した唐辛子…7個、昆布だし（➡P.31）または水…1/2カップ、アミの塩辛…大さじ3、イリコの粉…大さじ1、プルグック（➡P.31）…1カップ、みじん切りにしたニンニク…大さじ3、唐辛子の種…1/2カップ、イワシのエキス…大さじ3、唐辛子の粉…大さじ2

作り方

❶ ヨルムは包丁で皮をなでながら、ひげやしおれた葉をきれいに取り除きます。青臭くならないようにふり洗いします。

❷ 塩水を作りヨルムを入れた後、1〜2回ひっくり返しながら1時間30分ほど漬けたら取り出し、ざるにあげて水気を切ります。

❸ すり鉢に乾燥した唐辛子を3cmの長さに切って入れ、昆布だしを注ぎながら細かくすった後、アミの塩辛とイリコの粉を入れ、またすります。

❹ ❸に、残りのヤンニョムを入れてよく混ぜます。そして漬けたヨルムを入れ、よくヤンニョムが付くように和えます。

❺ 和えてすぐに浅漬けとして食べてもよいですし、常温で寝かしてキムチの汁に味が付き始めたら冷蔵庫に保存して食べてもよいです。

ひときわ暑さに弱いため、たくさん汗をかくのでお腹はすくけど食欲がないとき、火を使って料理をするのが面倒になり、ぼうっとしていると、自然と脳裏に母親のことが思い浮かびます。

夏の昼間の暑さが沈む太陽と一緒に少し和らぐと、母はかごをもち家の前の小さい畑に向かいました。キュウリに唐辛子やサンチュなど、畑にはいつでもおかずを作ることができる野菜を植えていたので、市場の隣に住むようなものでした。

幼い頃、母が出した田舎の食事はすごく素朴でした。柔らかいケランチム（韓国風の茶碗蒸し）に、手でちぎったなすの和え物、テンジャンに唐辛子、ヨルムキムチまで……夏になると畑で育てているキュウリをまめに抜き、ヨルムキムチで家族の食欲をそそってくれました。

娘が嫁ぐ日、母はトラックに7個のすり鉢を載せてくれました。キムチをおいしく漬けて家にいる大人と夫に愛される嫁や妻になってほしかったのでしょう。暑さで指一つ動かしたくない気分ですが、母親の爪のような大きさの大根がついたヨルムを漬けます。

ヨルムは、塩水に長く漬けるとキムチがすぐにぐちゃぐちゃになってしまい、きちんと漬けないと水気が多くなりヤンニョムとうまく合いません。夏のヨルムは、塩水を作った後、1〜2回ひっくり返しながら1時間30分ほど漬けます。このとき、切ってから漬けると甘味が抜けてしまうので、丸ごと漬けるようにします。

特にヨルムはほかの材料より青臭さが強いので、必ず洗って塩水に漬けてからそのまま取り出して水気を切ります。

4 ヨルムの水キムチ

열무물김치

心の中まですっきりする
あっさりとした
汁の味がいい常連水キムチ

作り方

❶ ヨルムは虫に食われたりしおれたりした葉をきれいに取り除いて洗った後、塩水に浸け1～2回ひっくり返しながら1時間20分ほど漬けます。ざるにあげて水気を切った後、ナツメを洗い容器に一緒に盛ります。
❷ 器に分量の水と昆布だしを注ぎ、みじん切りのニンニクと塩を入れ混ぜます。
❸ 目が細かいこし器に唐辛子の粉を載せ、下の部分をぬらしながらスプーンで溶き、❷の汁を赤く染めます。そしてプルグックとグリーンスイートを混ぜ、キムチ汁を作ります。
❹ 塩水に漬けたヨルムにキムチ汁を注ぎ、赤唐辛子を切って載せた後、常温で1日ほど寝かせ適度に熟成させてから、冷蔵庫に保存して食べます。

材料

◆ ヨルム　500 ～ 600g
◆ ナツメ　4 ～ 5 個
◆ 赤唐辛子　1 個
◆ 塩水（水 3 カップ、塩 1/2 カップ）
◆ キムチ汁
水…4カップ、昆布だし(➡P.31)…2カップ、みじん切りにしたニンニク…大さじ 1、塩…大さじ 1、唐辛子の粉…大さじ 3、プルグック（➡ P.31）…大さじ 2、グリーンスイート…少々

ヨルムは春と夏に露地で40日ほど育てたら食卓に出すことができます。栽培期間が短いため、葉と根が柔らかくキムチを漬けると味がとてもよくなります。

ヨルムの水キムチは、暑い夏にはクックやチゲの代わりになりとても便利です。かかとが痛くなるほど1日中小走りをして働いていると、クックを省略するだけでもとても助かります（韓国ではご飯のときにクックというスープを食べるが、ないと怒り出すお父さんたちがいる）。

ヨルムキムチは少し酸っぱい味が付いた汁を表面が凍るほど冷やしてから、器にたっぷり盛って出すと夏バテで失った食欲を取り戻すのに最高です。

サクサクとする噛み応えのヨルムもいいし、汁を飲みこむと、少し大げさかもしれませんが骨まで涼しくなるようです。

キムチをそのまま食べることが物足りない気がしたら、もちもちとする麺を茹で汁に入れて食べたり、麦ご飯にコチュジャンと一緒に混ぜて食べたりしますが、どう食べても確実に食欲をそそる夏の代表的な水キムチです。

夏のヨルムは柔らかくて長く塩水に漬けると縮まってしまいかたくなるので、塩水に1時間20分程度漬けます。しかし、茎が細いものは時間を短縮し、太いものは時間を増やすなど、ヨルムの状態によって調節が必要です。

もし塩辛く漬けてしまったらキムチ汁には塩を入れずに漬け、2時間後塩加減を味見して足りなければ塩を入れて調整します。唐辛子の粉を多く入れると汁がさっぱりしなくなるので、色を染める程度が適量です。

5

玉ねぎキムチ

양파김치

辛さは消え
甘くなった補薬キムチ

材料

- ◆ 玉ねぎ　4個
- ◆ 細切りのニンジン　大さじ1
- ◆ 切ったニラ　大さじ2
- ◆ みじん切りにした赤唐辛子　小さじ1
- ◆ 塩水（水1カップ、塩大さじ1）
- ◆ ヤンニョム
  唐辛子の粉…大さじ2、唐辛子の種…大さじ1、みじん切りにしたニンニク…大さじ1/2、アミの塩辛…大さじ1/2、イワシのエキス…大さじ2

作り方

❶ 玉ねぎは大きすぎないものを用意し、皮を剥いて根元の部分を切り、洗います。

❷ ばらばらにならないように下の部分を2cmほど残し、8等分するように深く切れ目を入れます。

❸ 塩水に切れ目を入れたところが漬かるように、下を上に向けて30分程度漬けます。柔らかくなったら塩水から取り出し、水気を切ります。

❹ 器にヤンニョムを入れよく混ぜた後、細切りのニンジン、ニラ、赤唐辛子を入れ薬味を作ります。

❺ 漬けた玉ねぎの切れ目に薬味を入れ、残ったヤンニョムは外側に塗ります。常温でそのまま3～4時間寝かせ、熟成したら冷蔵庫に保存します。

4月から出荷される新玉ねぎは、柔らかく水分が多く含まれているので、サクサク感があります。噛めば噛むほど甘味が出るので、キムチを漬けてもおいしくいただけます。

　サクサク感をそのまま楽しむのもいいですし、熟成させれば甘味が出てキムチの旨味が増します。玉ねぎを塩水に漬けないと、サクサク感は残りますが、うまく開かないので薬味が入れにくくなります。薄い塩水に30分ほど漬けるのがほどよい長さです。

「無病・長寿のためには1日に玉ねぎ1個の半分を食べる」という言葉があります。また玉ねぎは万病に効くとも言われます。玉ねぎを切ると涙が出る辛い成分が、発癌性物質の毒を除去する酵素を活発にするとも、体内や血液、血管などに詰まった必要のないコレステロールをなくすとも言われます。

　また中国人が毎食、油で炒めた料理を食べても健康な理由は、玉ねぎを好んで食べるからだという説もあります。玉ねぎは火を通しても成分に変化がないので、チゲや炒めものなどにもたっぷり入れます。

　こんな努力のおかげでしょうか。60歳をとっくに越えた我々夫婦は、動脈硬化などで苦労せず済んでいます。料理というものは、一度食べたら魔法のように体がすぐよくなるものではありません。食事のたびに少しずつでも食べること、それが体を丈夫にする秘訣です。ときどき飲む補薬よりも、料理がどれだけ重要なのかは若い頃にはわからないことですが、歳を取るとその真理をより理解できるようになります。

6

キャベツ白キムチ

양배추백김치

ほのかなゴマの葉の香りと相まった
淡白であっさりとした味

材料

- ◆ キャベツ　1/2 個
- ◆ エゴマの葉漬け　20 枚
- ◆ 切ったカラシナ　一握り
- ◆ 切ったわけぎ　一握り
- ◆ みじん切りにした玉ねぎ　少々
- ◆ 塩水（水 3 カップ、塩大さじ 3）
- ◆ ヤンニョム
  プルグック（➡ P.31）…1 カップ、みじん切りにしたニンニク…大さじ 1、アミの塩辛…大さじ 1、イワシのエキス…大さじ 1、唐辛子の種…1/2 カップ

作り方

❶ キャベツは芯の部分を丸くくり抜いた後、塩水を作って芯を切り取ってできた穴の中に注ぎ6時間漬けます。柔らかく漬けたら葉を1枚ずつ取り水気を切ります。
❷ エゴマの葉漬けを水に浸けて塩気を抜いた後洗い、手で握って水気を切ります。鍋に入れ浮かないように石で押さえた後、水を注ぎ2～3分程度沸かしてまた水気を絞ります。
❸ 切ったカラシナとわけぎ、みじん切りの玉ねぎは器に入れ、ヤンニョムと一緒によく和えます。
❹ ヤンニョムを器の端にまとめ、漬けたキャベツの葉を交互に向きを変えながら載せ、海苔の大きさほどに四角く広げます。
❺ キャベツの上にエゴマの葉を2枚ずつ一定に載せた後、ヤンニョムを載せ丸めるようにして半分に折ります。容器に入れ常温で寝かせた後、熟成し始めたら冷蔵庫に入れ、味がバランスよく調和して食べやすくなったら一つずつ出して切って食べます。

キャベツの大きい葉だけを集め、よく漬けたエゴマの葉と一緒に丸めて食べる夏の珍味です。甘くてサクサクするキャベツとほのかなエゴマの香りが口の中いっぱいに広がり、夏バテで疲れ果てた体と心に活力を与えます。

　冬キムチが保存することにより熟成して味を出すとしたら、夏キムチは旬の材料の新鮮さとサクサク感をそのまま生かすことが、味を出すポイントですので、唐辛子の粉をいれず種だけで白く漬けます。よく熟成してから冷蔵庫に入れて出すと、キャベツの甘いながらもあっさりとした味を引き出します。淡白でさっぱりした味は、子どもや外国人に人気です。

　キャベツの間に入れるエゴマの葉は、昨年の秋の最後に黄色く染まったエゴマの葉３００枚を水5カップに塩2カップを入れ、石で押して塩味に漬けたものです。使うときには十分塩気を抜かないと塩臭くなるので、水に浸けて塩気を出した後少し茹でます。また、エゴマの葉から塩味がするので、キムチには塩をあまり使いません。それでも全体的に味が調和します。

　キャベツはかたいのでそのまま葉を取ると折れてしまうので、下の芯の部分を丸く穴を掘るようにして切り取り、そこに塩水を注いで漬けます。葉の間に水がしみ込むので、隙間ができて、葉が取りやすくなります。柔らかく曲がる程度に十分漬けると形がきれいになりますし、部分によって太さが違うので向きを変えて交互に置き厚さを合わせることにより、きれいに丸めることができます。

7

キャベツの浅漬け

양배추겉절이

夏バテに勝つのはもちろん
胃腸が丈夫になる栄養キムチ

材料

◆ キャベツ（中身の小さい葉） 1/2 個
◆ わけぎ（3cm） 一握り
◆ 塩水（水 3 カップ、塩大さじ 3）
◆ ヤンニョム
プルグック（➡ P.31）…1/2 カップ、唐辛子の粉…大さじ 2、唐辛子の種…大さじ 2、イワシのエキス…大さじ 1、みじん切りにしたニンニク…大さじ 1

作り方

❶ キャベツは食べやすい一口大に切った後、塩水に6時間ほど漬けます。十分柔らかくなったらざるにあげて水気を切ります。
❷ 器にヤンニョムを入れ、わけぎを加えてよく混ぜます。
❸ ❷のヤンニョムを端にまとめて漬けたキャベツを入れた後、よく混ざるように和えます。和えたらすぐ食べます。

初夏に入るとぎっしり中が詰まった重みのあるキャベツを一つ買います。甘味が最高の時期でもあるし、胃腸を丈夫にするビタミンが豊富ですので、あっさりした栄養満点のキムチを漬けるためです。

キャベツ一つで二種類のキムチを漬けることができます。外側の大きな葉はキャベツ白キムチ（111頁）を漬け、中身の小さい葉でキャベツ浅漬けを作ります。キムチ講義の際、二つのキムチを一緒に教えると応用の幅が広がるので喜ばれます。

どんな材料でもこう漬けたりああ漬けたりと試みていますが、若い世代がキムチをより簡単においしく漬けて食べることができる方法を探すためにいつも努力しています。

キャベツ浅漬けはキャベツ特有の甘くてあっさりとした味がよく、夏だけではなく1年中いつ食べてもおいしいキムチで、白菜で漬けたキムチとは異なる味を感じることができます。

キャベツは胃腸を保護するビタミンUだけではなく、癌を抑制するビタミンCをはじめ、白血球の数を増やす成分が大量に含まれているそうです。さらに、ニンニクの次に大腸癌と胃癌を予防する食品に選ばれたというのですから、キムチにして食べてサムにして食べて……できるだけ多く食べて健康に暮らしたいと思います。

しっかりした葉はすぐ漬けることができないので、時間の余裕があるときは薄い塩水に長く漬け、早く漬けたいときは塩の量を増やして塩水を塩辛くして漬けます。キャベツ浅漬けは和えてすぐに食べるキムチで、熟成する頃にはもう食べつくさないといけません。

8 なすキムチ

가지김치

紫のきれいな色で
疲れ果てた食欲に
活気を与える
素朴な夏キムチ

作り方

❶ なすは濃い紫色で大きさが一定なものを選び、ヘタに棘があるものはヘタを取ってから洗います。5cmの長さに切ります。

❷ 深い器に塩水を作り、切ったなすを立たせて30分ほど漬けます。

❸ なすが漬かって柔らかくなったら、取り出して先っぽがばらばらにならないように1cmほどを残し、漬けたほうに十字の切れ目を入れます。

❹ 器にニンジン、わけぎ、赤唐辛子を入れヤンニョムも入れてよく和えて薬味を作ります。

❺ オイソバギを漬けるようになすの切れ目に薬味を入れ、中まで味が付くように2〜3時間寝かせてから食べます。

材料

◆ なす　4個

◆ 塩水（水1カップ、塩大さじ1）

◆ 薬味

細切りのニンジン…半握り、1cmの長さのわけぎ…一握り、斜めに切った赤唐辛子…1/2個分

◆ ヤンニョム

イワシのエキス…大さじ1、昆布だし（➡P.31）…大さじ1、唐辛子の粉…大さじ1、唐辛子の種…大さじ1

実家のある忠清道ではヤンニョムをあまり使わずにキムチを漬け、淡白で素朴な味を楽しみます。

　夏野菜が旬の時期にはなすやカボチャを収穫し、さらっと和えたキムチが欠かさず登場します。パラパラと音を立ててふった夕立がやんだ後、なす畑は花を見るようにきれいでした。きれいに育った紫色で艶のあるなすは、ほかの野菜と比べ栄養価値は劣りますが、きれいな色は食欲を刺激してくれます。

　主にナムルにして食卓に出しますが、なすキムチも欠かせません。塩気のあるヤンニョムと混ざり合い、柔らかく爽やかな旨味に惚れて「早く夏になってほしい……」と密かになすの季節を待ちます。

　なすは体を冷やす効果があり、夏に食べるのにはこの上なく好都合な野菜です。大きすぎると種が多いので、実が一定でヘタが大きすぎず小さすぎず、かさかさと棘があるもの、色が濃くて新鮮に見えるものがおいしいものです。

　なすは水分を吸収する性質があるので、塩水に少しだけ漬けるほうがいいのですが、なすを４～５cmの長さに切った後立たせて漬けることがポイントです。漬けた部分に十字の切れ目を入れ、ヤンニョムした薬味を入れます。

　昼間の蒸し暑さで動きたくないお昼時に、冷めた麦ご飯に一つずつ載せて食べると最高です。

9

オルガリベチュキムチ

얼갈이알배추김치

旨味がよくて真夏に
丸ごと漬けて
熟してから食べるキムチ

材料

◆ オルガリベチュ
(白菜の一種で、小ぶりなもの) 2kg
◆ わけぎ (3～4cm) 一握り
◆ ニラ (3～4cm) 一握り
◆ 塩水 (水5カップ、塩1/2カップ)
◆ ヤンニョム
乾燥した唐辛子…10個、昆布だし(➡P.31)または水…大さじ3、アミの塩辛…大さじ1、イワシのエキス…大さじ4、プルグック(➡P.31)…1/2カップ、みじん切りにしたニンニク…大さじ1、唐辛子の種…大さじ3、唐辛子の粉…大さじ2

作り方

❶ オルガリベチュは丸ごと下ごしらえをし洗った後、中の芯の近い部分に塩(1/4カップ)をふり、残りの塩(1/4カップ)で塩水を作って漬けます。

❷ オルガリベチュは1～2回ひっくり返しながら1時間ほど柔らかくなるまで漬けた後、ざるにあげて水気を切ります。

❸ すり鉢に3cmの長さに切った乾燥した唐辛子を入れ、昆布だしを注ぎながら細かくすります。そして残りの材料を入れよく混ぜてヤンニョムを作ります。

❹ ヤンニョムにわけぎとニラを入れてさらに混ぜた後、水気を切ったオルガリベチュを入れ、器の中でヤンニョムを塗りながらよく和えます。

❺ ゴマをふり浅漬けのように食べてもいいですし、常温で寝かせ少し熟成させてから冷蔵庫に入れて食べてもおいしくいただけます。

オルガリは、秋から冬に植えて育てることやその野菜を意味する言葉で、ベチュは白菜のこと。オルガリベチュは普通の白菜より小さく、この時期に食べる白菜です（日本ではオルガリは手に入りませんが、山東菜で代用できると思います）。

30〜40日程度で完全に育ち収穫が早い白菜で、水を多く含んでいるので、サクサク感がおいしいです。それで特別なヤンニョムをしなくてもさっと和えてキムチを漬けると、春にも夏にも食欲をそそるキムチになります。少し茹でてテンジャングック（韓国式味噌汁）を作っても、柔らかい甘味が出ておいしくいただけます。

オルガリは水分が多いので青臭くなりやすいです。軽く洗った後、塩辛くならない程度に塩水に漬けます。その後塩辛くなりすぎた場合を除いては、洗わずにざるにあげて水気を抜きヤンニョムに和えます。和えるときも青臭くなりやすいので、軽くヤンニョムを塗るように和えます。青い部分より味がしみ込みにくい白い部分にヤンニョムを塗り、全体的な塩加減を調節します。

わが家では春と夏に漬けるキムチにはすり鉢で乾燥した唐辛子をすって使います。唐辛子の粉だけを入れて漬けるときよりも色がきれいになるし、ピリッとして味も豊かになります。昨年作った唐辛子の粉は年を越すと味と栄養が落ち始めるので、乾燥した唐辛子を補充しましょう。手間がかかってもおいしいキムチを食べるためには仕方ありません。この世にただで得られるものはないですから。2〜3日よく熟成させてから食べるそのキムチの味を忘れることができなくて、すり鉢にこだわります。

10

オルガリベチュ浅漬け

얼갈이겉절이

口いっぱいみずみずしくなる
あっさりしたサクサク感

材料

- オルガリベチュ　1束（1kg）
- わけぎ（4cm）　一握り
- 塩水（水5カップ、塩1/2カップ）
- ヤンニョム
  乾燥した唐辛子…8個、昆布だし（➡P.31）または水…大さじ3、イリコの粉…大さじ2、アミの塩辛の具…大さじ1、プルグック（➡P.31）…大さじ8、みじん切りにしたニンニク…大さじ1、イワシのエキス…大さじ2、唐辛子の種…大さじ3、唐辛子の粉…大さじ1

作り方

❶ オルガリベチュは、根元の部分を切って下ごしらえした後、長いものは食べやすく2等分にしてから洗います。
❷ オルガリベチュはすぐしおれるので、塩水に入れて1時間ほど漬けた後、柔らかくなったらざるにあげて水気を切ります。
❸ すり鉢に乾燥した唐辛子を3cm長さに切って入れ、昆布だしを注ぎながら細かくすります。そしてイリコの粉とアミの塩辛の具を入れ、さらにすります。
❹ すり鉢に残りのヤンニョムを入れてよく混ぜた後、水気を切ったオルガリベチュを入れ青臭くならないように軽く和えます。わけぎを入れて和えた後、すぐ食べる分だけに砂糖を少し入れます。

夏は暑いですが、おかずの材料に悩む主婦にはありがたい季節かもしれません。どの市場に行っても収穫したばかりの新鮮な野菜であふれているので、それを一つや二つ買えば食卓いっぱいの健康的なおかずを作ることができます。

夏が盛りに向かうと食欲が旺盛になる人はほとんどいませんし、お腹の中を涼しくしてくれるものを探します。こういうときにはピリッとするヤンニョムにさっと和えたオルガリ浅漬けよりいいものはないと思い、素早く手を動かします。

オルガリは葉の巻がゆるい白菜で、水分が多く青々と新鮮で噛み応えが抜群です（山東菜で代用）。すり鉢に乾燥した唐辛子を粗くすった後、イワシのエキスを入れたヤンニョムを作りおいしそうな浅漬けにして出すと、家族は早くご飯をくれとねだります。爽やかな味で食欲をそそるオルガリ浅漬けは和えてすぐに食べてもいいですし、少し酸味が出るように熟成させてから食べてもおいしくいただけます。酸味が出た場合は、温かいご飯にコチュジャンを入れて混ぜて食べると、夏の最高の珍味になります。

食事1〜2回で食べる分量だけ別に分けて砂糖を少し入れ甘味を出し、残りはそのまま保存して食べます。熟成して食べるキムチに砂糖を入れると、いやなにおいがする恐れがあるのですが、夏に漬けるキムチの材料には甘味が足りない場合もあり、すぐ食べる分についてはときどき砂糖を加えます。

夏キムチは唐辛子の粉だけで和えるより、乾燥した唐辛子を直接すって入れると、色もきれいで味と栄養を加えられるので、すり鉢を使うことにこだわります。すり鉢がないときは水を少し注ぎ、粉砕機で粗くすります。乾燥していない赤唐辛子を使用すると、色はきれいですがキムチがすぐに酸っぱくなってしまいます。

11

マクキムチ

막김치

塩水に漬けた白菜を切り
さっと和えて食べるご飯のお供

材料

- ◆ 白菜　1kg
- ◆ 塩水（水 2・1/2 カップ、塩 1/2 カップ）
- ◆ ヤンニョム

　プルグック（➡ P.31）…2/3 カップ、唐辛子の種…大さじ 4、唐辛子の粉…大さじ 4、イワシのジンジョッ…大さじ 4、イワシのエキス…大さじ 2、アミの塩辛…大さじ 2、みじん切りにしたニンニク…大さじ 2

作り方

❶ 白菜はしおれた外側の葉を取り除き、塩水に白い部分が柔らかくなる程度に3時間ほど漬けます。

❷ 柔らかく漬けた白菜は1～2回ほど水で洗い流し、ざるにあげて水気を十分切った後、根元の部分を切ります。一口で食べやすいように3～4cmの長さに切ります。

❸ 器に分量のヤンニョムを入れよく混ぜた後、切った白菜を入れてよくまじわるように和えます。

❹ 和えたばかりのマクキムチはすぐに食べるとサクサクとした噛み応えがよく、熟成させてから食べるとほんのりとした甘味が感じられます。

マクとは韓国語で「粗い」とか「さくっと」などを表現する言葉です。適当に切って和えたということで、「マクキムチ」という名前が付いたキムチです。季節を気にすることなくいつでも漬けて食べることができるキムチですが、わが家では暑い夏に家事の合間にさっと和えて食べる夏キムチの一つです。

簡単に和えて漬けるキムチでは浅漬けもありますが、マクキムチは白菜を十分塩水に漬けてから作るので、長く保存して食べても水分が出ることはなく、旨味も素晴らしくなります。

マクキムチの秘訣をよく尋ねられますが、「キムチは全部同じよ」と答えながらも「白菜を塩水に漬けるときに絶対切らないこと」と答えます。

白菜を塩水に漬けるのは、白菜に含まれている水分を出し柔らかくして食べやすい状態にするためです。塩水に漬ける前に切ってしまうと、切った断面から旨味成分がすべて抜けてしまいます。「そんなことでそんなに変わるの？」と思うかもしれませんが、キムチは自然が与えた材料本来の味を生かすことから、味の秘訣が始まるのです。

白菜を切って塩水に漬けると特有の甘味が抜けてしまい、キムチがおいしくなりません。必ず丸ごと塩水で漬けてから切ります。水分が抜けてかたい部分が柔らかくなる程度に漬けることが重要です。

マクキムチはポギキムチ（切らないで漬けるキムチ）より簡単にさっと和えることができ、初心者に教えると、簡単にできると思われるようで、「私もやってみようかな」と自信を持たせるキムチでもあります。

12 ニラキムチ

부추김치

腸が丈夫になり、
力がもりもり！
栄養満点の健康キムチ

作り方

❶ ニラは汚れた根元の部分を切り取り、しおれた葉などを取り除きます。絡まないように流水でさっと洗います。

❷ 洗ったニラはざるにあげて、水気を切った後きれいに調えて2等分にします。

❸ 器にヤンニョムとわけぎを入れよく混ぜた後、ニラを入ればらばらにならないように軽く和えます。

❹ ニラにヤンニョムが万遍なくからんだらすぐ食べてもいいですし、味が付くように常温で半日ほど寝かせて食べてもおいしくいただけます。

材料

- ◆ ニラ 300g
- ◆ わけぎ（3cm） 一握り
- ◆ ヤンニョム

プルグック（➡ P.31）…大さじ 2、唐辛子の粉…大さじ 1、唐辛子の種…大さじ 2、イワシのエキス…大さじ 3、乾燥したエビ…20 尾、みじん切りにしたニンニク…大さじ 1

ニラは、昔から〃栄養ニラ〃と呼ばれ私たちの食卓によく出されました。とくに春のニラはニンジンよりいいと言われ、その年の初ニラは、婿にもあげず自分で食べるという言葉があります。

　ニラは「ビタミンの宝庫」で、ビタミンA、B、Cなどをすべて含んでいるそうです。ピリッと舌を刺激する味は腸を丈夫にし、スタミナをつける効果に優れて、滋養強壮食品に分類されたりします。

　わが家では食欲をそそる香りがよいので、イワシのエキスに乾燥したエビを入れ浅漬けのように和えて食べます。長く保存して食べると酸っぱくなり、味が漬けたばかりのときより落ちてしまうので、真夏には1回で食べきる量だけ和えます。

　24歳で嫁いで以来、1日4時間以上寝たことはありませんが、なんの病気にもならず健康的に60歳を越えました。ドラマに出るほどのスタイルのいい体になって強い日差しがつらくてパタリと倒れてみたいという少女のような想像もしてみますが、丈夫な体に、調子が悪くてもそう見えない顔まで備えています。

　特別なものを食べているわけでもないのに健康な理由をあえて探すとしたら、ニラのように栄養たっぷりの旬の野菜を欠かさず食べていることではないかと思います。ニラキムチを漬けて残ったニラは、食べやすく切って香ばしいチヂミも作ったりします。口に合う素朴で健康なおかずが並ぶ食卓を作り、楽しくほおばります。

　ニラは若いほど柔らかくて味と香りに優れます。葉が柔らかく緑色が鮮明で濃く、太くて短いものを選びましょう。葉が柔らかくて束でまとまっているので、空気が通らず中から腐る恐れがあるので、束をほどいて空気が通るようにします。

13

白菜の白キムチ

배추백김치

これ以上ないほど蒸し暑い日
心の中まで涼しくする味が
より恋しくなる

材料

- ◆ 白菜 4kg
- ◆ 千切りにした大根 500g
- ◆ 切ったカラシナ 一握り
- ◆ わけぎ（3㎝） 一握り
- ◆ ナツメ 3個
- ◆ イワタケ 1個
- ◆ 塩水（水10カップ、塩2カップ）
- ◆ ヤンニョム

プルグック（➡P.31）…3/4カップ、イワシのエキス…大さじ2、昆布だし（➡P.31）…大さじ2、みじん切りにしたニンニク…大さじ1

作り方

❶ 白菜はしおれた外側の葉を取り除き下ごしらえした後、根元の部分を切り取り十字に切れ目を入れて2等分します。

❷ 塩水を作りかたい部分が柔らかくなるまで5時間漬けた後、洗ってざるにあげ水気を切ります。

❸ イワタケは水でふやかしてからもみ洗いし、水気を切って細切りにします。ナツメは縦に切れ目を入れ種を取り除いた後、丸めて細切りにします。

❹ 器に用意したヤンニョムを入れて混ぜた後、千切りにした大根とカラシナ、わけぎ、細切りのナツメ、細切りのイワタケを入れよく混ぜあわせて薬味を作ります。

❺ 白菜の葉の間に作った薬味を入れ、薬味がこぼれ落ちないように外側の葉で包みます。そして容器に入れ常温で1日寝かせます。汁に味が付き始めたら冷蔵庫に入れて熟成させます。

夏バテには心の中まで涼しくしてくれる白菜白キムチが最高です。さっと和えて食べる即席キムチをよく作りますが、ときどき手間がかかっても誠意を尽くして作ったキムチで食欲と健康を高めるようにしています。

唐辛子の粉を使わないヤンニョムで漬けた白菜白キムチは、大人がまだ生きていた頃によく漬けていたキムチです。私はキムチには果物をあまり使わないほうですが、夏白菜は冬白菜より味が薄いのでりんごを入れ細切りのナツメとイワタケを載せて漬けます。夏にあるチェサのために訪れるお客さまをおもてなしするのにもってこいです。

よく熟成させて冷蔵庫から出してすぐに渡すと、「力が出て目が覚める」と言いながら食べていた姑。たくさん仕事をさせるのでひそかに恨んだりもしていましたが、ときどき懐かしくなる日が多くなると、歳を取ったことを感じます。

どんなキムチでも塩水に適切に漬けることが重要ですが、これは簡単ではありません。白菜1株に水5カップ、塩1カップを基準に塩水を作ると丁度よいのですが、塩の塩分と白菜の大きさによって漬かる程度が変わります。こんなときは、ヤンニョムや副材料で塩加減を整えなければいけません。

白菜が塩辛くなったときは千切りの大根は塩水に漬けないし、白菜の塩気が薄いときは千切りの大根も塩水に漬けて使います。そうすることにより全体的な塩加減が調和します。薬味は少なめに入れほのかに熟させると、あっさりとして少し舌を刺激する味が生きます。

14

サムベチュキムチ

쌈배추김치

噛めば噛むほど香ばしく甘い
白菜の芯の味に
どっぷりとはまってしまう

材料

- ◆ サムベチュ
  (サムと浅漬け用のミニ白菜)　1.5kg
- ◆ ニラ（4～5cm）　一握り
- ◆ わけぎ（4～5cm）　一握り
- ◆ 唐辛子の粉　大さじ1
- ◆ 塩水（水3カップ、塩1/2カップ）
- ◆ ヤンニョム
  プルグック（➡P.31）…大さじ2、アミの塩辛…大さじ1、みじん切りにしたニンニク…大さじ1、昆布だし（➡P.31）…大さじ4、唐辛子の粉…大さじ2

作り方

❶ サムベチュは根元の部分を切り、しおれた葉などを取りながら下ごしらえをした後、十字に切れ目を入れて手で開き2等分にします。

❷ 水に分量の半分の塩を入れて塩水を作り、残った塩は白菜のかたい部分にふってから塩水に漬けます。そして3時間ほど漬けます。柔らかくなるまで漬けたらざるにあげて、水気を切ります。

❸ 器にヤンニョムを入れ軽く混ぜた後、ニラとわけぎを入れさらに混ぜます。

❹ ヤンニョムの器に漬けた白菜を入れ、かたい部分からヤンニョムを万遍に塗った後、全体的に唐辛子の粉を少しふります。すぐに食べてもいいですが、常温で半日ほど寝かせた後、冷蔵庫に入れます。

暑い夏の日には、よく食べることが一番だと思い、食卓いっぱいにおかずを並べて夫と一緒に残さず食べつくした後、顔を合わせ「わが家はよく食べるね」と気持ちよく笑います。

食卓いっぱいにおかずを並べると言っても、素朴な田舎のおかずです。ニンニク丸ごとの漬けものに、青唐辛子とサンチュによく漬かった汁カクテキとオイソバギ、そして基本的にケランチムを載せ、キンブガク（海苔にもち米の糊をまんべんなく塗って干し、適当な大きさに切って油で揚げたもの）がないときは焼いた海苔とイリコのコチュジャン和え。さらに仕事のため1週間に1回しか家に帰ってこない夫のために、サムベチュキムチを漬けてすぐに出します。

サムベチュは夏の白菜で、アルベチュとも言います。苗木を植えた後50～60日間で出荷され、重さも５００～７００g程度でキムジャンに使う白菜より黄色い内側の葉が噛めば噛むほど香ばしく、キムチを漬けるのに適しています。さっと和える浅漬けを作ってもいいですが、たまには白菜を株ごと漬けるポギキムチにしてきれいに盛ると、真心をこめた手作りであることが伝わります。

夏キムチは赤すぎると味が落ちるので、唐辛子の粉を少なめに使いましょう。最後に細かい唐辛子の粉を少しだけふってあげると、ほんのりとした赤色がおいしそうに見えます。

ヤンニョムを塗るときは柔らかい部分よりかたい部分に多く塗ることにより、塩加減が適度になりおいしいキムチになります。

15 チャンムルキムチ

장물김치

義祖母のために刺激が強くならないよう うすくしょう油で色と味をつけた

材料

◆ 大根	500g
◆ 白菜の葉	3 枚
◆ りんご	1 個
◆ わけぎ（3cm）	1/2 握り
◆ 栗	2 個
◆ ナツメ	2 個
◆ 赤唐辛子	1 個
◆ キムチ汁	

水…2・1/2 カップ、みじん切りにしたニンニク…大さじ 1、クッカンジャン（伝統的な方法で作った韓国のしょう油）…大さじ 4、イワシのエキス…大さじ 1

作り方

❶ 大根は下ごしらえした後、2cm角の大きさに薄く切り、白菜の中心の葉は洗って大根と同じ大きさに切ります。

❷ りんごは皮ごと洗い種を除き、2cm角の大きさに薄く切り、わけぎは3cmの長さに切ります。

❸ 栗は渋皮まできれいに剝いた後薄く切り、ナツメは縦に切れ目を入れ種を取り除いた後、巻いて薄く切ります。赤唐辛子は種を抜き、みじん切りにするように細かく切ります。

❹ 器に水と残りのヤンニョムを入れて混ぜ合わせ、キムチ汁を作ります。

❺ 別の器に大根など、下ごしらえした材料を入れキムチの汁を注ぎます。その上に栗、ナツメ、赤唐辛子を載せ、全体的に味が付いたらすぐに食べます。

わが家では365日、毎日欠かさずあっさり味の水キムチを食卓に出します。その一つであるチャンムルキムチ（チャンムルとは忠清道の方言でしょう油のこと）。唐辛子の粉や味の濃い塩辛を使わずに、塩ではなくしょう油で色を付け塩味を整えます。

　今日では家庭で日常的に食べるキムチではないので「こんなキムチもあるの？」と珍しく思うかもしれませんが、昔は宮中で食べられていたものです。宮中キムチという名にふさわしく、栗、ナツメ、松の実、イワタケなど、貴重な材料を十分入れ刺激が強くならないように淡白に漬け、お正月にトックク（正月に食べる餅を入れた韓国式雑煮）と一緒に出されたと言われています。

　羅氏宗家の嫁になって以来、虎のように恐ろしかった姑よりも恐ろしかった義祖母のために頻繁に漬けた水キムチです。義祖母は病気もなく健康ではありましたが、高齢なので食べる量がだんだん少なくなっていたので、ご飯をよく飲み込めるようにするためでした。冷たすぎず温くならないように注意しながら食卓に出すと、ゆっくりとスプーンでご飯を一口食べてから汁を一口食べ、ご飯一膳をすべて食べた義祖母でした。

　しょう油とイワシのエキスだけで塩加減を整え、薄味で楽しむ水キムチです。熟成させずすぐに食べる水キムチで、果物や栗などをたっぷり入れ、甘味と噛み応えを加えます。ナツメのほんのりとした香りもよく、松の実を浮かせてもいいでしょう。常温で寝かせ、味が付いたら冷蔵庫に入れ、冷やして食べてもおいしくいただけます。

16

白水キムチ

백물김치

塩だけで塩加減を調節して、
まろやかで
あっさりとする味を
きちんと出す

作り方

❶ 大根は新鮮なものを用意し、5cmの長さに切った後、長めの小指の長さ程度に切ります。

❷ わけぎは下ごしらえしてから4cmの長さに切り、ナツメは縦に切れ目を入れ種を取り除いた後巻いてから切ります。赤唐辛子は種を抜き、小さく切ります。

❸ 器に水をはじめ、残りのヤンニョムをすべて入れ、よく混ぜてキムチ汁を作ります。

❹ 別の器に準備した大根とわけぎを入れ、作ったキムチ汁を注いだ後、ナツメと赤唐辛子を浮かせます。汁に小さな泡が出てくるまで常温で寝かせ、冷蔵庫で保存し熟成させて食べます。

材料

- ◆ 大根　1kg
- ◆ わけぎ　2～3本
- ◆ ナツメ　1個
- ◆ 赤唐辛子　1/2個
- ◆ キムチ汁

水…4カップ、みじん切りにしたニンニク…大さじ1・1/2、生姜汁…小さじ1/8、昆布だし(➡P.31)…1カップ、プルグック(➡P.31)…大さじ2、塩…大さじ1

冷たい風が吹き始めると、旬の時期を迎えた大根と白菜は生で食べてもおいしいものです。その味を逃すまいと、唐辛子の粉を入れず汁が白い白水キムチを漬けます。大根以外には特別なものを入れず塩だけで味を出します。十分引き出した大根の味以外ほかの雑味がないので、さっぱりと楽しむことができます。

わが家では、餅を食べるときに喉が乾かないように一緒に食べますが、淡白な味なので餅本来の味を邪魔することがありません。調子が悪くお粥を食べるときも一緒に添えると、味といい、栄養といい、とても相性がいいです。お粥一杯と白水キムチ一杯を空にすると元気になります。

わが家では主に冬のトンチミを作る前によく食べますが、まろやかでさっぱりしているのでどんな季節でもおいしくいただけます。

冬の大根が旬の時期にはプルグックを入れなくてもおいしくいただけますが、反対に夏には大根が旬ではないので必ずプルグックを入れて味を付けます。まろやかになるからでしょうか、私の子どもも幼い頃からよく食べていましたし、高齢者も好む水キムチの一つです。

わが家ではナツメをキムチに入れ、味と栄養を楽しみます。昔大人たちは「ナツメは食べないと損だ」と言いました。それほど、私たちの体にとってよいものだということでしょう。特に水キムチに入れると、ほのかなとてもいい香りがします。「ナツメってこんなに芳しかった?」と驚くほどです。

17

ナバクキムチ

ピリッと辛くあっさりとした味で
一年中楽しむことができる水キムチ

나박김치

材料

- ◆ 大根　500g
- ◆ 白菜の葉　3 枚
- ◆ わけぎ（3cm）　1/2 握り
- ◆ ナツメ　6 個
- ◆ 赤唐辛子　1 個
- ◆ キムチ汁

水…3 カップ、唐辛子の粉（パウダー）…大さじ 3、プルグック（➡ P.31）…1/3 カップ、みじん切りにしたニンニク…小さじ 1、昆布だし（➡ P.31）…大さじ 3、塩…大さじ 2

作り方

❶ 大根はひげ根を取り洗って切った後、2cm角の大きさになるように薄く切ります。白菜の内側の葉も洗い、縦に長く切った後、大根と同じような大きさに切ります。

❷ 赤唐辛子は斜めに切り、ナツメはしわの間に埃が残らないように両手で軽くこすりながら洗い、水気を切ります。

❸ 器に水を入れ細かい目のこし器に唐辛子の粉を載せた後、ぬらしながらスプーンでかき混ぜ溶いて、唐辛子の色を付けます。

❹ 唐辛子の色に染まった❸の汁に残りのヤンニョムを入れ、よく混ぜてキムチ汁を作ります。

❺ キムチ汁に大根と白菜、わけぎを入れナツメと赤唐辛子を載せます。季節と室内の温度によって違いますが、春だと2〜3日ほど寝かせてから冷蔵庫に入れ、冷やして食べます。

新鮮な味が好まれて、昔豊かな家では2日に1回はナバクキムチ漬けていました。

どの家庭でもよく漬けた水キムチだったので、汁が入った全てのキムチを「ナバクキムチ」と呼んだりしましたが、実は大根を四角く薄く切る様子を表すナバクナバクという言葉から「ナバクキムチ」と呼ぶようになりました。昔の人は「大根」の古語である「蘿蔔《ナボク》」を称して蘿蔔漬とも言いました。

唐辛子の粉で赤く染めたキムチ汁を注ぎ味を付けますが、大根と白菜の味が十分に引き出されたピリ辛の味が逸品です。

大根が薄すぎると大根がキムチ汁の色に染まり、色がきれいではないので少し厚めに切り、漬けてすぐ食べるのならりんごなど果物を切って加えるのもよいでしょう。

保存して食べるときはすぐ柔らかくなりいやなにおいがしますので、果物は禁物です。塩水に漬けずに作る水キムチは味を付けることが難しいので、漬けて2時間後に味見をして塩加減を調節します。ほんのりする甘味とピリッと舌を刺激する汁の味を維持するために、ナツメは丸ごと入れて味を付けます。

キムチの汁は粉が入らないようこし器に唐辛子の粉を載せ、下の部分を少しぬらしながらきれいに色を付けます。赤すぎると味もあっさりとしません。色を付けるために使った唐辛子の粉は捨てずに保管しておき、唐辛子の粉を使うキムチやチゲに使います。

秋の食卓

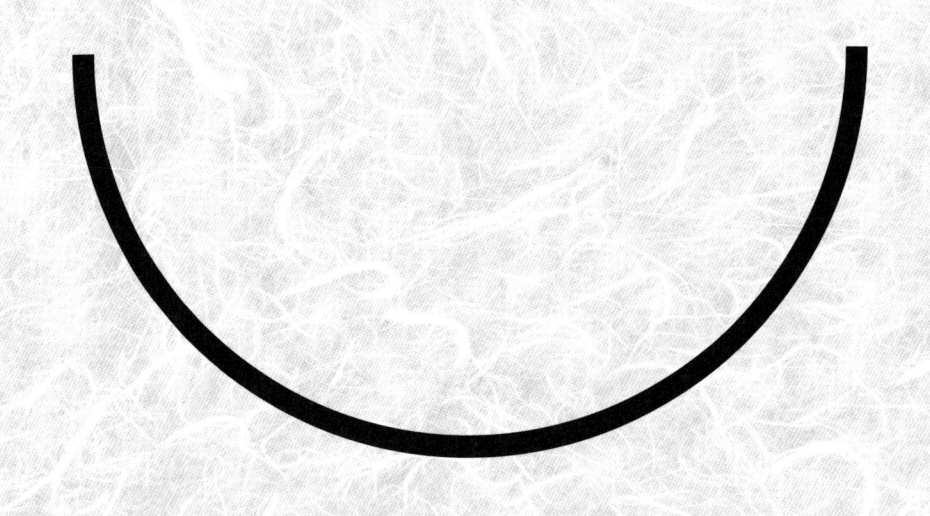

1 白菜トンチミキムチ

배추동치미김치

先祖伝来の方法通り ヤンニョムすら惜しみ漬けた あっさり味

※唐辛子は韓国産唐辛子を想定した分量です。また特別な指定がないものは中粗の唐辛子を使ってください。

材料

- ◆ 白菜　1kg
- ◆ 大根　5cmの長さ
- ◆ りんご　1/2個
- ◆ ナツメ　5個
- ◆ 塩水（水2・1/2カップ、塩1/2カップ）
- ◆ ヤンニョム
  プルグック（➡P.31）…3/4カップ、塩…小さじ1、みじん切りにしたニンニク…大さじ1
- ◆ 薬味
  細切りの大根…一握り、カラシナ…一握り、わけぎ（3cm）…一握り
- ◆ キムチ汁
  水…3カップ、昆布だし（➡P.31）…大さじ3、みじん切りにしたニンニク…大さじ1/2、塩…少々

作り方

❶ 白菜は下ごしらえし、根元に十字の切れ目を入れます。塩の半分量をかたい葉の部分の隙間にふり、残りの半分で塩水を作って5時間ほど漬けます。

❷ かたい部分が柔らかくなったら、2〜3回洗った後、切れ目を入れた部分を4等分にします。そしてざるにあげて水気を切ります。

❸ 大根は1cmの厚さで長めに切り、ナツメは洗います。

❹ 器にヤンニョムを全部入れて混ぜた合わせた後、薬味の材料も入れて和えます。混ぜたヤンニョムと薬味を白菜のかたい部分に一つ一つ塗っていきます。

❺ 薬味が抜けないように、外側の葉で上手に包みハンアリに入れ、隙間に大根とりんご、ナツメを入れます。

❻ 別の器でキムチ汁の材料をよく混ぜた後、白菜を入れたハンアリの端からゆっくりと注ぎ、室外で寝かせて食べます。

私たちの食卓に欠かさずに出されるキムチ。野菜を手に入れることが難しかった冬に、野菜を長く保存するために漬けて食べたのがはじまりと言われます。その原型に最も近いキムチが白キムチや白菜トンチミキムチではないかと思います。トンチミとは大根を使った水キムチのことです。

韓国に唐辛子の粉が入ってきたのが１５９０年代の末である壬辰倭乱（文禄の役）以降だというので、それ以前には唐辛子の粉を入れずにキムチを漬けていたのでしょう。食べ物が足りなかった時代に、塩をふって漬けた白菜は、さっぱりとしていてかつ、どれほど甘くておいしかったことでしょう。

どんどん刺激的な味に慣れていく口にブレーキを掛けるつもりで、白菜トンチミキムチを漬けます。白菜と大根が旬を迎えるとよりおいしくいただけますが、旬でなくとも自然に育てた材料自体からあふれ出る純粋な味がどれほど貴重でおいしいのかを知ることができます。

この素朴なキムチをよく作るのは、だんだんと忘れ去られていく味の記憶を後代にも伝えておこうと思うからです。私たちの世代が享受した素朴ながらも健康的な味と文化がこれからもずっと伝わってほしいので、昔の方法通りに漬けています。

ヤンニョムも惜しみながら少しずつ入れ、白キムチや白菜トンチミキムチなど、さっぱりとしたキムチを漬けます。失敗した理由と味を出す秘訣をきちんとメモしながら、作っています。

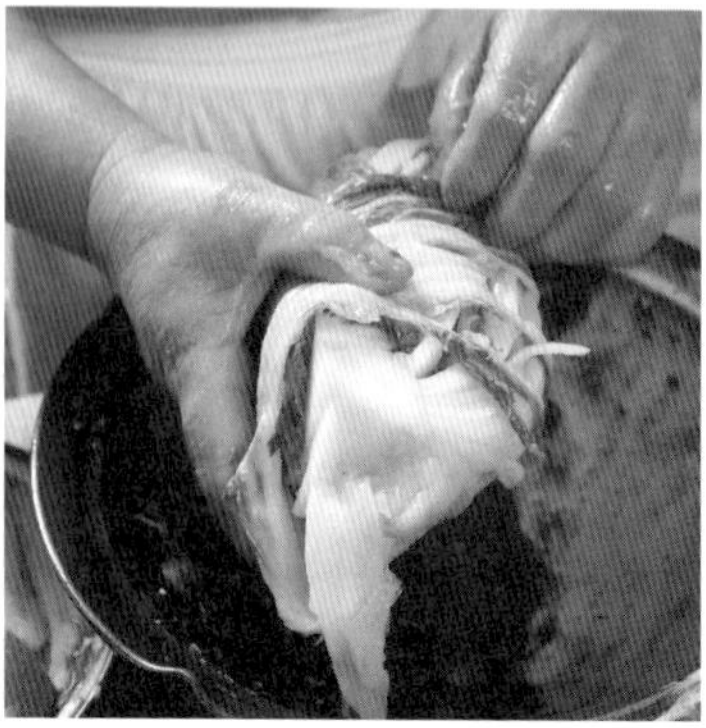

2

白菜赤汁トンチミキムチ

배추고춧물동치미김치

塩水に漬けずに作り
新春の噛み応えを堪能する

材料

- ◆ 白菜　2kg
- ◆ 大根　400g
- ◆ ナツメ　8 個
- ◆ 塩水（水 5 カップ、塩 1 カップ）
- ◆ キムチ汁
  水…4 カップ、唐辛子の粉（パウダー）…大さじ 2、昆布だし（➡ P.31）…1/2 カップ、プルグック（➡ P.31）…1/3 カップ、イワシのエキス…大さじ 1/2、塩…大さじ 2、みじん切りにしたニンニク…大さじ 1、みじん切りにした生姜…小さじ 1/4

作り方

❶ 白菜は下ごしらえし根元に十字の切れ目を入れて2等分した後、塩水用の塩半分を白菜のかたい部分に万遍なくふります。
❷ 残りの塩で塩水を作り白菜を5時間ほど漬けます。かたい部分が柔らかくなったら2～3回洗った後、切れ目を入れた部分を4等分にします。そしてざるにあげて水気を切ります。
❸ 大根は皮ごと洗い3×4cmの大きさに切り、ナツメは軽く洗います。
❹ 器に水を注ぎこし器に唐辛子の粉を入れた後、ぬらしながらスプーンで溶かしながら色を染めます。
❺ 唐辛子の色に染めた汁に残りのキムチ汁の材料を全部入れよく混ぜた後、水気を切った白菜を入れます。白菜をたっぷり濡らし外側の葉で包みます。
❻ ハンアリや容器の底に大根を敷き白菜の中の部分が上に来るようにして入れます。端からキムチ汁をゆっくり注ぎ、ナツメを載せ室外で寝かせてから食べます。

壬辰倭乱（文禄の役）以降韓国に入った唐辛子は料理に嵐のような変化をもたらしたと言います。その代表的なものがキムチです。キムチを毎日のように漬けるので、いろんな方法で漬けて最もおいしいものを探します。さっぱりとした白菜トンチミやピリッとする白菜赤汁トンチミは、唐辛子の粉を入れるか入れないかによって違う味のキムチが味わえます。

　晩秋に漬けて真冬に食べるとおいしいトンチミキムチは、白菜のかたい部分が柔らかくなる程度に白菜1株に水5カップと塩1カップを使って漬けます。熟成しながら深みが引き出されキムチの味がよくなります。また、中に入れる薬味は多くしてしまうとサクサク感とあっさりした味がなくなるので、かたい部分に少しずつ入れる程度が適量です。白菜がおいしい時期には薬味を省略してもおいしいです（このレシピは省略しています）。

　白菜トンチミには、舌をほどよく刺激するナツメは丸ごと入れ、薬味を白菜の外側で上手に包むことによって柔らかくなりすぎるのを防ぎます。キムチ汁は白菜の端にゆっくりと注ぐと、ヤンニョムがバラバラにならずきれいになります。

　おいしく漬けた白菜トンチミはご飯のおかずとしてはもちろん、あっさりした汁をたっぷり入れ素麺や冷麺を入れて食べてもおいしくいただけます。餅を添えても相性が抜群です。キムチ汁を作るとき、唐辛子の粉をそのまま入れると汁が濁りキムチに付いて汚く見えるので、こし器を使ってやや赤色に染めます。

3

ツルニンジンキムチ

더덕김치

秋の情緒をたっぷり楽しむ
芳しくてちょっぴり苦い
季節キムチ

材料

◆ ツルニンジン	600g
◆ 切ったニラ	大さじ１
◆ ナツメ	少々
◆ 細切りのイワタケ	少々
◆ ヤンニョム	

カレイの塩辛もしくはイワシのエキス…大さじ２、唐辛子の粉…大さじ３、みじん切りにしたニンニク…小さじ１

作り方

❶ ツルニンジンは包丁で皮を剝き、柔らかくなるように包丁の峰で軽く叩きます。

❷ 器にカレイの塩辛とみじん切りにしたニンニクを入れて混ぜた後、唐辛子の粉を加えて和え、ヤンニョムを作ります。

❸ 柔らかくなったツルニンジンをヤンニョムに入れ、揉むように和えて赤く染めた後、ニラを入れてまた少し和えます。

❹ 和えたばかりのツルニンジンをすぐに食べるキムチなので、皿にきれいに盛ります。ナツメは縦に切れ目を入れ種を除き、丸く巻いてから切り、イワタケと一緒に出します。

奥深い香りが1里先まで届くというツルニンジンは、肉が貴重だった時代「山で採る肉」と言われるほど価値のある存在で、特有の苦みと香りをもつ滋養食品です。

新春に出る若い葉はサムやナムルにして食べ、春と秋に採る根はコチュジャンに入れて漬物にしたり、ヤンニョムを塗って焼いて食べたりします。秋にはツルニンジンを包丁の峰で軽く叩きヤンニョムで和えて食べます。サクサク感と独特の苦味があり本来の香りと食感を最大限生かしたキムチです。

ツルニンジンは薬効に優れ、漢方では沙蔘とも呼ぶそうです。実際に高麗人参にも含まれているサポニンという成分が豊富に含まれ、体を冷やす性質を持っています。夏の間、汗をかいて熱くなった体を労わるため、秋には高麗人参よりツルニンジンが好まれます。

凝った料理ではありませんが、お客さんにさっと作り、ナツメを載せて出すと「貴重な料理、保養食をいただいた」と、後々ほめてくださいます。

ツルニンジンは大きすぎるものは芯があるかもしれないので避け、まっすぐで根にあるしわの溝が浅いもの、皮を剥いたときにねばねばと白いものが多いものを使うと、サクサクとした食感を出すことができます。生でも食べる食材なので、苦味と香りを生かすため、味を付けすぎないことがおいしく漬けるポイントです。

皮を剥くときは縦に長く切れ目を入れ、ゆっくりと丸めながら剥きましょう。最初はヤンニョムがどろっとしても、あとから水分が出てくるので、水などをあえて入れずに作ってもいいです。

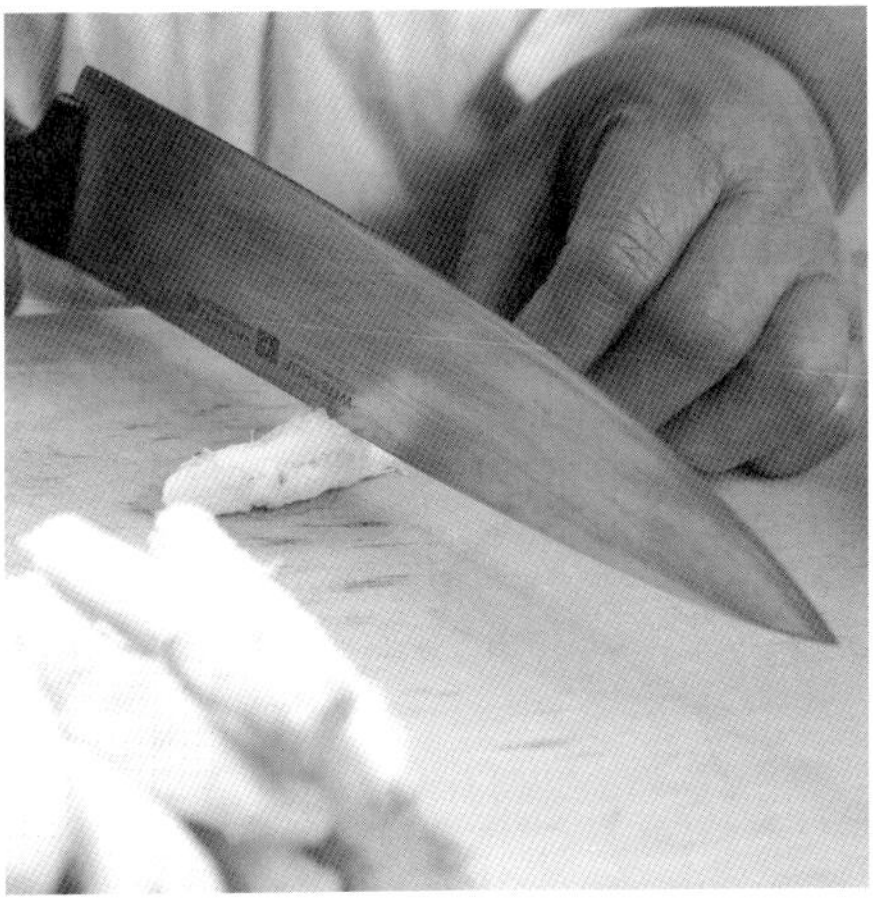

4 ごぼうキムチ

우엉김치

慶尚道で漬けた
自然の味たっぷりの
秋キムチ

作り方

❶ ごぼうは包丁の峰でゆっくりなでながら皮を剥き、洗います。半分は薄く斜めに切り、残りの半分は3cmのほどの長さの細切りにします。

❷ 塩水を作り、それぞれの形に切ったごぼうに半量ずつ注ぎ10分間漬けてからざるにあげて水気を切ります。

❸ 器にヤンニョムを入れよく混ぜた合わせた後、薄く切ったごぼうと細切りにしたごぼうの順に入れてもむように和え、さらにニラを加えて和えます。

❹ 熟して食べるキムチではないので、和えてすぐ食べます。食べ残したものは冷蔵庫に入れます。

材料

◆ ごぼう　250g
◆ ニラ（3cm）　大さじ1
◆ 塩水（水1/2カップ、塩大さじ1）
◆ ヤンニョム
みじん切りにしたニンニク…大さじ1、唐辛子の粉…大さじ2、唐辛子の種…大さじ1、プルグック（➡P.31）…大さじ1、イワシのエキス…大さじ2

根菜が健康食品として脚光を浴びている理由は、地面の深いところまで根をはり汚染されていない土の栄養分を吸収して育つからです。

普通の野菜より繊維質が豊富で、この繊維質が成人病の遠因になるコレステロール値を減らし、腸の中にたまった毒と老廃物、便秘による宿便などを体外に排出し、癌などにならないように体をきれいにしてくれます。

長寿の国と呼ばれる日本でも多く食べられ、日本人はごぼうを「食べると老けない食品」と言い、鍋や煮物など様々な方法で調理し、毎食のように出して家族の健康を保っているのだそうです。

そんなごぼうをわが家では焼いたり炒めたりして食べるのはもちろん、秋には珍味キムチとしてよく漬けます。

ごぼう特有の味と香り、質感を損なわないように漬けるのが秘訣で、薄味に漬けるとおいしくなります。またヤンニョムで和える前に塩水に10分間漬けると後で水分が出てきません。

塩水に漬けた後、唐辛子の粉を入れたヤンニョムで和えると、サクサクとする噛み応えと口の中に広がるほのかな土のにおいを含んだ香りがよく、「自然を食べる」という表現はこんなことを意味するのかとわかるようになります。

いつからかキムチが画一され、最近の若者は白菜キムチとカクテキなど、身近に接するキムチがすべてだと誤解しています。慶尚道でよく食べられていたこのキムチも残しておきたい味です。しかし、健康にいいごぼうを食べる国は韓国と日本だけというのも、とても興味深いことです。

5 レンコンキムチ

연근김치

土の栄養を余すことなく含んだ
サクサクと健康な根菜キムチ

材料

- レンコン　300g
- 細切りのニンジン（なければ省略）　大さじ1
- ニラ　大さじ1
- ヤンニョム
  プルグック（➡P.31）…大さじ1、イワシのエキス…大さじ3、みじん切りにしたニンニク…大さじ1、唐辛子の粉…大さじ1、唐辛子の種…大さじ1

作り方

❶ レンコンは土を払い洗った後、ピーラーで皮を剥きます。

❷ 皮を剥いたレンコンは丸い形を生かすように可能な限り薄く切り、でんぷんが抜ける程度に水に浸け、ざるにあげて水気を切ります。

❸ 器にプルグックをはじめ、ヤンニョムを入れよく混ぜた後、水気を切ったレンコンを入れてもむように和えます。

❹ ヤンニョムでレンコンが赤く染まったら、細切りのニンジンやニラを入れてさらに和え、すぐ食べます。

山が紅葉で赤く染まる頃、地面の下ではごぼう、レンコン、サツマイモ、山芋などの根の塊がしっかり育っています。地面の下深くまで根をはり、土が持っている栄養分をたっぷり吸収して育った根菜は、ビタミンと繊維質が豊富です。

9月末から真冬になる前まで、旬の新レンコンをキムチに漬けます。レンコンは、体を温め瘀《うっ》血《けつ》を解くなど、病気にならないように気力を旺盛にし寿命を延ばすと言われます。

たまに「レンコンでキムチを漬けるのですか」とびっくりする人がいますが、レンコンをさっぱりした味の水キムチにして楽しむ精進料理があるほどです。わが家では唐辛子の粉、ヤンニョムに和えて浅漬けのようにして食べます。

今はキムチと言ったら白菜や大根が主人公ですが、遠い昔、韓国に白菜が伝来する前はキュウリ、なす、タケノコ、ニラなどが主なキムチの材料だったと言うので、レンコンもいい材料だったに違いありません。

レンコンは、皮を剝き薄く切って売っているものは漂白処理したものが多いので、土が付いた皮を剝いていないものを買いましょう。均一な太さで、穴の大きさが一定なものを選びます。

レンコンは、ほとんどがでんぷんで作られていますが、水に浸けすぎると味と香りが抜けてしまうので、外側のでんぷんがなくなる程度に漬けます。

ニラはキムチが熟成する速度を遅らせるために入れます。またニンジンは色感を与えるために入れるので、少しだけで大丈夫ですし、ない場合は省いても問題ありません。

6 ザクロキムチ

석류김치

口が開いたザクロのように
様々なものを載せて飾った宗家の保養水キムチ

材料

◆ 大根　1kg
◆ 白菜の葉　8枚
◆ イワタケ　2個
◆ 糸唐辛子　少々
◆ 昆布だし（➡P.31）　大さじ4
◆ 塩水（水4カップ、塩大さじ2）
◆ 薬味
大根…1/4個、ナツメ…5個、栗…5個、カラシナ（4cm）…一握り、わけぎ（4cm）…一握り、細切りの赤唐辛子…1個分
◆ ヤンニョム
プルグック（➡P.31）…1カップ、イワシのエキス…大さじ4、みじん切りにしたニンニク…大さじ2、みじん切りにした生姜…少々

作り方

❶ 大根はかたくて短めのトンチミ大根を選び、皮を剥かずに洗い5〜6cmの厚さに切ります。端がばらばらにならないように下を1cmほど残して、碁盤の目のように縦横の切れ目を入れます。
❷ 塩水を作り、切れ目を入れた部分を下にして入れた後、1時間30分漬けます。このとき白菜の葉も一緒に入れ、柔らかくなったら、ざるにあげて水気を切ります。
❸ 薬味の材料の大根は4cmの長さに切ってからきれいに千切りにし、ナツメは縦に切れ目を入れ種を取り除き切ります。
❹ イワタケはお湯でふやかし、こすり洗いをした後、きれいに細切りにします。
❺ 器にヤンニョムを入れよく混ぜ、残りの薬味の材料を入れて和えます。
❻ 漬けた大根の切れ目に薬味を入れ、その上に糸唐辛子と細切りのイワタケを載せて色感を加えます。白菜の葉で包みハンアリに一つ一つ入れた後、薬味を和えた器に昆布だしを入れたものを揺らしながら注ぎます。気温の低い屋外で寝かせ、汁に味が付いたら出して食べます。

よく熟して口が開いたザクロのようなので、「ザクロキムチ」と名前が付いた大根の水キムチ。大人のために秋と冬に漬ける栄養価の高い水キムチです。

宗家の料理というのは、手間をどれだけかけたかが一目でわかるように作られています。嫁はどんなものでも時間をかけ誠意を尽くさなければなりません。毎日同じような献立では食欲を失ってしまわないかと家族に気を使い、新しい料理を作ることも宗家の嫁の仕事です。義祖母は年老いていますし、夫の両親にも季節の変わり目にはきちんと栄養のあるものを食べさせなくてはいけません。

細切りのイワタケ、ナツメ、栗、糸唐辛子などを心をこめて用意し、きれいな彩りの材料をそろえた薬味を入れて、このキムチを作りました。

ほんのりとしたナツメの香りと共に、淡白な味で舌を刺激するあっさりとした汁をきれいに盛りつけると、嫁の確かな腕前が気に入ったのか、祖母は重い口を開いて「香りがよくて味もいいね」とほめてくれました。

蜂の巣のように切れ目を入れるときには、先がばらばらにならないように一定の深さにし、材料は可能な限り長さをそろえてきれいに切ると見た目も美しくなりますし、料理が上手に見えます。細切りのイワタケと薬味を一緒に和えると色感が消えてしまうので、別に載せます。プルグックも少なめに入れます。キムジャンキムチのように長く保存して食べるキムチではないので、気温の低い屋外に置き、汁から酸味が出始めたら冷やして食卓に出します。

7

ムセンチェ

무생채

甘味がありしっかりとした味つけの
秋大根の超簡単幸せおかず

材料

- ◆ 大根　700g
- ◆ 塩水（水 2・1/2 カップ、塩 1/2 カップ）
- ◆ ヤンニョム

イワシのエキス…大さじ 2、みじん切りにしたニンニク…大さじ 1、唐辛子の粉（パウダー）…大さじ 2、イリコの粉…大さじ 1、塩…少々

作り方

❶ 大根は皮ごときれいに洗った後、薄く切ります。

❷ 薄く切った大根をきれいに並べた後、0.2～0.3cmの厚さの千切りにします。

❸ 器に分量のヤンニョムを入れて混ぜ合わせた後、千切りにした大根を入れ、ヤンニョムとよく混ざるように注意しながら和えます。

❹ ムセンチェは浅漬けと同じで、和えたらすぐに食べたほうがおいしくいただけます。

大根は泥の中で育ったものが甘くておいしいですが、秋の大根は持ち上げると重く、手触りはかたく、表面がきれいでなめらかなものを選びましょう。大きいものより小さめでひげ根が少ないもの、葉が濃い緑色を帯びてしおれていないものにします。

夏の大根は水分が少ないため、苦味がありおいしくありません。そのため、大根がきちんと本来の味を出す初秋まで待ち、浅漬けのようにその場その場で漬けて食べるようにしたキムチがムセンチェ（ムは大根のこと、センチェは生野菜のナムルを指します）です。

永遠に続くと思った夏の暑さもいつの間にかその姿を隠し、長袖の服を着ていても自然と体を縮めてしまうほど気温が下がると、大根を千切りにする母親のまな板の音が懐かしくなります。大根の先が長いと「今年の冬はとても寒くなりそうね」と言った母。根を瞬く間に切りそろえ、唐辛子の粉をふり実においしそうなムセンチェをさっと作ってくれました。

料理が上手だった母は「冷たい風が吹くと大根を生で食べても甘くておいしいの」と、大根のスープはもちろん、ムセンチェ、大根と牛肉の煮込み、大根とエビの煮物、大根とサバの煮物、カクテキ、大根餅など、様々な大根料理を作ってくれました。さらに果物のように皮を剝き「冬参《トンサン》を、食べなさい」と渡してくれました。おそらく、母は冬の大根が高麗人参のように体にいいことがわかっていたのだと思います。

ムセンチェに使う大根は、千切りにする過程でつぶしてしまうとサクサク感がなくなるので、手間がかかっても注意して切ります。大根がおいしいので特別なヤンニョムをしなくてもいいですし、塩水に漬けずに浅漬けのようにさっと和えて食べましょう。

塩水に漬けると天然消化剤とも呼ばれる大根の体によい成分が抜けてしまいます。作ると水気が多く出てくるので、一回に食べきる量だけ漬けるようにしましょう。唐辛子の粉を多く使うと汚くなるので、大根に色が付く程度の量を入れます。

8 エイキムチ

홍어김치

エイの本拠地、
羅州地方で味わえる
刺激的で強烈な味

作り方

❶ エイは発酵させ食べやすい大きさに切ったものを用意します。
❷ 白菜は下ごしらえし根元に切れ目を入れて2等分した後、塩水に6〜7時間漬けます。柔らかく漬けたら2〜3回洗いざるにあげて水気を切ります。
❸ 大根は洗った後、薄く切ってから千切りにします。
❹ 器の端に漬けた白菜を置いて、反対の端にヤンニョムの材料を置いた後、ヤンニョムだけをよくを混ぜます。
❺ ヤンニョムを半分に分けたら、エイを入れて和えます。残りの半分は千切りの大根とカラシナ、わけぎを入れて和え薬味を作ります。
❻ ヤンニョムで和えた薬味を白菜に万遍なく塗った後、白菜の葉の間にエイをはさみ、外側の葉で上手に包みます。ハンアリに入れたら常温で寝かせ、3〜4日間熟成させてから食べます。

材料

◆ 発酵したエイ	500g
◆ 白菜	1kg
◆ 大根	500g
◆ わけぎ（3cm）	一握り
◆ カラシナ（3cm）	一握り

◆ 塩水（水 3 カップ、塩 1/4 カップ）
◆ ヤンニョム
プルグック（➡ P.31）…2/3 カップ、生エビ…大さじ 1、イリコの粉…大さじ 1、みじん切りにしたニンニク…大さじ 2、唐辛子の粉…大さじ6、唐辛子の種…大さじ3、イワシのエキス…大さじ 2

昔から全羅道と言えば、贅沢な料理は開城《ケソン》（北朝鮮の南にある都市。高麗の都だった）に負けない、全国で料理が最もおいしいところと言われてきました。それは、いい材料にヤンニョムを惜しまず使うからです。料理自慢の地域らしく、貴重な海産物を利用した料理が多くあります。夫の実家でよく食べるエイキムチもその中の一つです。

羅州はエイの本拠地で、昔榮山浦はエイを載せた船であふれかえっていました。侵略した日本人から逃げ羅州に来た黒山《フクサン》島《ド》（全羅南道新安郡黒山面にある島）の人が、エイを伝えたと言います。黒山島から来るまでにエイが発酵し、発酵したエイを羅州で食べるようになったと言うのです。現在では榮山川辺で毎年4月になると榮山浦エイ祭りが開催されます。

羅州の人は貴重なエイをよりおいしく食べるために、キムチに入れ発酵させて食べました。涼しい時期に常温で3〜4日寝かせ汁に味が付き始めたら、冷蔵庫に入れて自然に熟成させつつ食べます。

鼻に刺さるエイの独特な味は、キムチと一緒に熟成する間に柔らかくなり、食べやすくなります。サクサク感のあるキムチと一緒に柔らかい小さな骨を噛むと、マッコリを一杯、切実とも言えるほどに飲みたくなります。特別な日に食べるエイキムチは羅州地方だけで味わえる、一度食べたら忘れられない特別なキムチです。

エイキムチは口を刺激する味が醍醐味なので、適度に発酵させたエイを用意します。ヤンニョムを用意したら半分に分け、野菜とエイを別々に和えた後、白菜に薬味を万遍なく塗り、その白菜の葉の間にエイをはさむことによってヤンニョムの味がしっかり馴染んでおいしくなります。

キムチを漬けるとき、器の端でヤンニョムを和えてしまえば、ヤンニョムを余すことなく使え、キムチ作りも簡単になります。洗う皿も一つ減ります。

9 海産物包みキムチ

해물보김치

熟成させたキムチに
新鮮な海産物を載せて出す

材料

◆ 白菜の外側の葉　9～10枚
◆ わら　4本
◆ 海産物（アワビ、牡蠣、タコなど）　適量
◆ 飾り（栗、ナツメ、イワタケ、松の実）　適量
◆ 塩水（水5カップ、塩1/2カップ）
◆ 薬味
大根…1/4個、りんご…1/2個、白菜の葉…3枚、カラシナ（3cm）…一握り、わけぎ（3cm）…1/2握り
◆ ヤンニョム
プルグック（➡P.31）…1/4カップ、唐辛子の粉…大さじ2、唐辛子の種…大さじ1/2、みじん切りにしたニンニク…大さじ1、みじん切りにした生姜…小さじ1/8、イワシのエキス…大さじ2）
◆ キムチ汁
昆布だし（➡P.31）…1カップ、みじん切りにしたニンニク…小さじ1、プルグック…大さじ1、イワシのエキス…大さじ1

作り方

❶ 白菜の外側の葉は破れていない大きいものを用意し、洗った後、塩水に4時間ほど柔らかくなるまで漬け、ざるにあげて水気を切ります。
❷ 牡蠣は塩水で洗い、アワビは殻から外して内臓、肝を外して水洗いし、タコも塩水で洗います。
❸ 薬味の材料のうち、洗った大根とりんごは皮ごと2cm角の大きさで薄く切り、漬けていない内側の白菜の葉も同じ大きさに切ります。
❹ 器にヤンニョムを入れ混ぜた合わせた後、用意した薬味の材料をすべて入れて和えます。
❺ 深い陶器の小鉢にわらを十字に置いて、その上に漬けた白菜を大きく広げて置きます。
❻ 白菜に薬味を入れた後、もう一度白菜の葉で包み、さらにわらで結びます。余分なわらは短く切ります。
❼ ハンアリや保管容器に包んだキムチを入れキムチ汁を作って注いだ後、常温で寝かせて熟成させます。キムチが熟したらわらを切り、白菜の外側の葉を除いて薬味を出し、海産物と飾り（薄く切った栗、細切りのナツメ、細切りのイワタケ、松の実）を和えて載せます。

宗家の料理について多くの人が「歳月が作り出した味」と言います。時代の流れと一門の歴史によって多少変わってきましたが、美しい韓国の伝統と文化を代々伝えています。

世代を越えて伝わってきた宗家の味は、一門の権威を誇示するような華麗さも格式もなく、作る人の誠意が最も重要だと考えられてきました。行事のための料理やおもてなし料理、家族の通過儀礼のための料理など、目的は違っても区別せずに誠意を尽くすことが基本中の基本です。

料理の味や色、形はもちろん材料がすべて引き立つ調和と度が過ぎないようにするバランスまで、料理を用意してから盛りつけるまでのすべての過程に作る人の真心が込められていないといけません。また、食べる人に対して温かい愛情と配慮も込められています。

それを体現している料理の一つに海産物キムチがあります。家にお祝いの行事があったり海産物が産卵期を迎え最も旨味がのっている時期に、大人の食欲をそそるために漬けます。薬味のなかに海産物を入れて作る家もありますが、わが家は海産物を入れずにヤンニョムを作り白菜の葉で包んで熟します。キムチがよく熟成したら、切った栗と、ナツメ、イワタケ、松の実などを加えて和えた新鮮な海産物をたっぷり載せます。松の実などを先に入れて熟成させてしまうと、いやなにおいがしやすく、海産物も鮮度が落ちます。陶器の小鉢に盛られた形はまるで花蕊を抱えてきれいに咲いた花のようです。味と形がいいので、出すとほめられるキムチです。手がかかりますが、楽しい気分で誠意を尽くし漬けていきます。

10

白菜ポッサムキムチ

배추보쌈김치

海苔巻を作るように簡単に巻いて
新鮮な牡蠣を載せて食べる

材料

- ◆ 白菜　2kg の白菜の 1/2 株
- ◆ 牡蠣　適量
- ◆ 塩水（水 2・1/2 カップ、塩 1/2 カップ）
- ◆ 薬味

  大根…1/3 カップ、わけぎ（3㎝）…一握り、カラシナ（3㎝）…一握り、ナツメ…4 個、栗…6 個、ゴマ…1/3 カップ
- ◆ ヤンニョム

  プルグック（➡ P.31）…1/3 カップ、唐辛子の種…1/3 カップ、唐辛子の粉…2/3 カップ、イワシのジンジョッ…大さじ 4、みじん切りにしたニンニク…大さじ 1、生姜…小さじ 1/8、アミの塩辛…大さじ 1/2

作り方

❶ 白菜は外側の青い葉を1枚ずつ取り、根元に切れ目を入れ半分に分けた後、塩水に5～6時間漬けます。柔らかくなるまで漬けたら、2～3回洗い水気を切ります。

❷ 大根は細切りにし、ナツメは縦に切れ目を入れ種を取り除いた後切り、栗は皮を剥いて薄く切ります。牡蠣は水でゆすいでから水気を切ります。

❸ 器にヤンニョムを入れて混ぜた後、細切りにした大根とわけぎ、カラシナを入れて和えます。ヤンニョムをよく混ぜたら細切りのナツメと栗、ゴマを入れさらに和えて薬味を作ります。

❹ 漬けた白菜の葉を1枚ずつバラバラになるように下の部分を切り、ヤンニョムでよく混ぜます。

❺ ❶の外側の葉は、2枚ずつ根元の部分が手前に来るように置き、その上にヤンニョムと和えた❹を根元の部分が奥になるように置きます。

❻ その上に薬味を万遍なく広げて巻きます。一口で食べやすい大きさに切った後、洗った牡蠣をのせます。

ポッサムキムチと言えば陶器の小鉢に白菜の葉を載せ様々な薬味を入れた後、風呂敷で包むように作った開城式キムチを思い浮かべます。それはその形が全国的に広く知られている証拠ですが、開城の白菜は中身が柔らかくて葉も長いため、このような独特なキムチが発達したのです。開城ではポッサムキムチではなく「サムキムチ」と言います。昔占いで結婚前の両班の娘に不義を働くという相がでたら、夜な夜な結婚していない男を拉致して娘と一晩寝かせてから殺して厄払いをするという風習があり、それを「ポッサム」と呼びます。そのためなるべくそうした言葉を使わないように、「サムキムチ」と呼ぶそうです。

もともとポッサムという料理は使用人の多い両班の家で、キムジャンに疲れた使用人の気力を蘇らせるために、町でお祭りを開いて豚一匹をさばいてその場で和えたキムチと一緒に食べた風習に由来したと言われます。

ポッサムはどんな材料でどう作ったかによって味と形が変わるものです。わが家では柔らかく漬けた白菜に薬味を広げて載せた後、海苔巻を作るように巻いて白菜ポッサムキムチを作ります。旬を迎え身がしっかりした牡蠣を洗ってのせる逸品です。料理というのは、このように時代と状況によって少しずつ変わりつつ、時代と時代を結ぶものなのだと思います。

海苔巻のように巻くために、白菜を十分塩水に漬けないと形がきれいになりません。塩水に入れる塩の半分を白菜のかたい部分にふった後に漬けると上手に漬けることができます。白菜の外側が下になるように巻くと、形がきれいでよりおいしく見えます。

11 ケグックチキムチ

カニの塩辛の濃い旨味を余すことなく
楽しめる忠清道のキムチ

게국지김치

材料

- ◆ 白菜　1kg
- ◆ 細切りの大根　一握り
- ◆ わけぎ（3cm）　一握り
- ◆ カラシナ（3cm）　一握り
- ◆ 塩水（水 3 カップ、塩 1/4 カップ）
- ◆ ヤンニョム

　プルグック（➡P.31）…2/3 カップ、カニの塩辛…大さじ 6、イリコの粉…大さじ 2、みじん切りにしたニンニク…大さじ 2、みじん切りにした生姜…大さじ 1/4、アミの塩辛…大さじ 2、唐辛子の粉…大さじ 4、唐辛子の種…大さじ 2

作り方

❶ 白菜は下ごしらえし根元に切れ目を入れて4等分した後、塩水に5～6時間柔らかくなるまで漬けます。
❷ かたい部分が柔らかくなる程度に漬けたら2～3回洗い、ざるに入れ水気を切ります。根元の部分を切り取り、3～4cmの長さに切ります。
❸ 大根は薄く切ってから細切りにし、わけぎとカラシナは3cmの長さに切ります。
❹ 器にヤンニョムを入れよく混ぜた合わせた後、細切りにした大根とわけぎ、カラシナを入れ、さらに和えます。白菜を加えて和えた後、熟成させて食べたり、チゲにして食べたりします。

韓国は地方によってそれぞれ独特な料理文化を持っています。気候が温かい済州道ではキムジャンキムチを漬けません。一方寒い咸鏡道《ハムギョンド》を含む北朝鮮では、唐辛子を少なめに使って薄味で漬けるキムチが発達しました。

海産物が豊かな江原道では、タラやイカなどを入れて作るキムチが多いですし、全羅道ではヤンニョムと塩辛を惜しまず入れて漬ける辛くて塩辛いキムチが特徴です。このように地方によって違う味のキムチが発達したのは、韓国が南北に長くて気候の変化に富むからだと思います。

全羅道地方でキムチに塩辛を多く使う理由は、気候が温かいためすぐに味が変わらないようにするためです。おかげでどの地方でも味わえない濃い旨味があり、きれいな色をしたキムチが発達しました。ケグックチ(カニの塩辛)キムチは数多い塩辛の中でも、カニの塩辛を使います。よく漬けた白菜を適当な大きさに切ってカニの塩辛を入れてよく和えると、カニ特有の濃い旨味がしみ込み秋の食欲をそそります。

ケグックチキムチはもともと発酵させたカニの塩辛を入れた忠清道の秋キムチです。長く熟成させたキムチを陶器の鍋に入れ、そこに水を注ぎチゲにして食べられていました。あっさりとして淡白な味がたまりません。秋には白菜だけでケグックチキムチを漬け熟成させてすぐに食べます。これをチゲにして食べても最高です。

ケグックチキムチの味を生かすカニの塩辛は、春や秋に食べたカンジャンケジャン(新鮮な生のワタリガニをしょう油ダレに漬け込み熟成させた料理)の残りをそのまま発酵するまで寝かせて作ることが特徴です。カニ特有の旨味を楽しみたい、またはイワシのエキスの生臭さがいやなときに使います。

12 カレイの塩辛キムチ

가자미젓김치

3年間発酵した
カレイの塩辛が与える
さっぱりかつ
あっさりとした味の
秋キムチ

作り方

❶ 白菜は下ごしらえし根元に切れ目を入れ、2等分した後塩水に5～6時間漬けます。
❷ かたい部分が柔らかくなる程度に白菜を漬けてから、2～3回洗った後ざるにあげて水気を切り、さらに半分に切ります。
❸ 器にヤンニョムを入れて混ぜた後、細切りの大根とカラシナ、わけぎを入れよく和えて薬味を作ります。
❹ ❸に漬けた白菜を入れ、かたい部分に薬味をよく塗った後、外側の葉で包みます。ハンアリか容器に入れ屋外で5～6日ほど熟成させてから食べます。

材料

◆ 白菜　1kg
◆ 細切りの大根　二握り
◆ カラシナ（3cm）　一握り
◆ わけぎ（3cm）　一握り
◆ 塩水（水 3 カップ、塩 1/4 カップ）
◆ ヤンニョム
プルグック（➡ P.31）…1/2 カップ、みじん切りにしたニンニク…大さじ 1、みじん切りにした生姜…小さじ 1/4、イリコの粉…大さじ 1、カレイの塩辛…大さじ 3、生エビ…大さじ 1、唐辛子の粉…大さじ 3、唐辛子の種…大さじ 2

全羅道の人は塩辛によって変わるキムチの微妙な味の差をよくわかっています。カレイの塩辛キムチもその中の一つです。

全羅道キムチと言えば他の地方より辛くて塩辛いことで有名ですが、おいしさにも定評があります。唐辛子の粉だけを使う他の地方とは異なり、乾燥した唐辛子をすり鉢ですりつぶしたり、プルグックを入れたりなど、全羅道だけの特徴があります。しかし、何よりも特徴的なのが、発酵した塩辛を十分に使うことです。歳月の深みが加わった塩辛がヤンニョムと相まって南方だけのキムチの旨味を出します。

夫の実家のハンアリには、ホヤの内臓の塩辛、カニの塩辛、イシモチの塩辛、アキアミの塩辛、太刀魚の内臓の塩辛、アワビのはらわたの塩辛、イイダコの塩辛など、数えきれないほど多くの塩辛のハンアリがありました。用途によって基本的に5年、長くては10年以上発酵させてから韓紙でろ過して使います。その仕事も若い花嫁の担当であることを、嫁いだ次の年に知ることになりました。

冷たい風が吹き秋が深くなると、3年以上発酵したカレイの塩辛を出してキムチを漬けます。カレイと塩の割合を1対1に混ぜハンアリに密封し3年以上発酵させて蓋を開けると、清らかなエキスができていますが、その味はとてもさっぱりしていま す。雲一つない青い秋の空になったら、白菜にカレイの塩辛でヤンニョムした薬味をさっと塗り、一株を丸ごと漬けます。

カレイの塩辛は他の塩辛よりエキスが澄んでいるので、キムチの味をさっぱりと爽やかにします。イワシの塩辛の黒みや特有の生臭さを避けたいときに代用品として使いますが、キムジャンのときにも、ヨルムキムチやオルガリキムチのような夏キムチを漬けるときにも使ってみるとさっぱりしておいしいです。

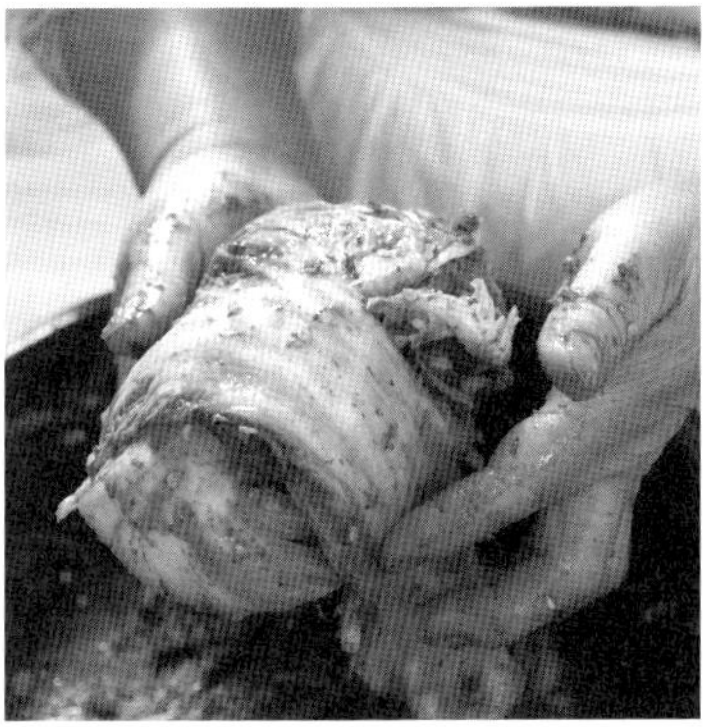

13

唐辛子の種の塩辛キムチ

고추씨짠지

次の年の夏のために
唐辛子の種と塩で塩辛く漬けた
貧乏なキムチ

材料

- ◆ 白菜　2kg
- ◆ キムチの上にふる塩　1カップ
- ◆ 水　2・1/2カップ
- ◆ 塩水（水2・1/2カップ、塩1/2カップ）
- ◆ ヤンニョム
  唐辛子の種…1/3カップ、塩…1/2カップ

作り方

❶ 白菜は4等分して塩水に使う塩の半分をかたい部分にふり、残りの半分で塩水を作り漬けます。かたい部分が柔らかくなる程度に7〜8時間漬けた後、2〜3回洗って水気を切ります。

❷ 器にヤンニョム用の唐辛子の種と塩を入れてよく混ぜた後、漬けた白菜全体に万遍なく塗り外側の葉で包みます。

❸ 白菜をハンアリに入れ、分量の水を注ぎます。その上に用意した塩をふり、力いっぱい押して保管します。次の年の春から夏までの間に出して食べます。

若い頃は義祖母が火鉢をキセルの柄で叩く音で目を覚まし、朝ご飯の支度をしました。朝なのでさっぱりした水キムチを出し、ケランチムに、火で適度に焼いた魚に油を塗り、またきつね色に焼いて出します。

旬のナムルと漬物、2～3種類の塩辛に牛肉のしょう油煮や海苔などをそろえた朝ご飯を出して、お尻が見えないように後ずさりで部屋を出て扉を閉めると朝ご飯の用意が終わります。

自分は厨房に入って使用人の妻たちと一緒にご飯を食べました。この唐辛子の種の塩辛キムチは、厨房で立って食べるためにヤンニョムも副材料も使用せず、白菜と唐辛子の粉と塩だけで漬けた貧乏なキムチです。いい白菜も使いません。種をもらうために冬の野原に残したものなどで漬けました。外側は濃い緑色で中身の少ない白菜に、塩をたっぷり入れ塩辛く漬けます。

次の年の夏まで腐らずに保存して食べるように塩辛く漬けたキムチは、白菜の内側の葉を黄色く維持することが味を生かす秘訣です。食べるときに塩味がいやならば水に浸けて塩気を抜いてもいいですし、軽く水でゆすいでキムチを切った後、唐辛子の粉大さじ1、みじん切りのニンニク大さじ1／2、ゴマ油大さじ1、ゴマ塩少々、切った赤唐辛子少々を入れ和えて食べてもよいです。

柔らかく茹でた素麺にキムチを切って入れて和えてもおいしいです。塩辛いのにさっぱりした味は忘れた頃にまた食べたくなる、そんなキムチです。

塩加減が薄いと柔らかくなってキムチの味が落ちてしまうので、水を入れてから塩を上にふって漬けます。白菜が浮かないように重石で押さえることにより、柔らかくなったりカビが入ることを防ぎます。

14 アワビキムチ

전복김치

味と栄養たっぷりの
秋の青い海のような
華麗で深い南道の味

材料

- ◆ 白菜　1kg
- ◆ アワビ（大きめのもの）　2個
- ◆ 大根の細切り（5cm）　一握り
- ◆ わけぎ（3cm）　一握り
- ◆ カラシナ（3cm）　一握り
- ◆ 塩　大さじ 1/2
- ◆ 塩水（水 3 カップ、塩 1/4 カップ）
- ◆ ヤンニョム

プルグック（➡ P.31）…大さじ 3、イワシのエキス…大さじ 2、アミの塩辛…大さじ 2、みじん切りにしたニンニク…大さじ 2、生姜…小さじ 1/4、唐辛子の種…大さじ 4、唐辛子の粉…1/2 カップ

作り方

❶ 白菜は根元に切れ目を入れ2等分した後、かたい部分が柔らかくなるまで6～7時間塩水に漬けます。2～3回洗ったらざるにあげて水気を切ります。

❷ アワビは生きている新鮮なものを用意し、歯ブラシのようなもので端の黒い部分をこすってきれいにします。

❸ アワビの皮と身の間にスプーンを入れて身を取った後、内臓を取って洗います。薄く切り、塩を少しふって水分を出します。

❹ 器にヤンニョムを入れて混ぜ合わせ、半分にはアワビを入れ、残りの半分には細切りの大根とわけぎ、カラシナを入れて和え薬味を作ります。

❺ 白菜のかたい部分の間にヤンニョムで和えた薬味とアワビを入れてさらによく和えた後、外側の葉でしっかり包みます。ハンアリに入れ5～6日間寝かせてから冷蔵庫に入れて食べます。

昔から、全羅道には代々その地で暮らす多くの裕福な両班がいました。そんな両班たちが丹精を込めて作った華麗な料理が後代に継承されて、いまも「味の地方」と呼ばれています。豊かな野や深い山、そして海も近いこの地方では、穀物や山菜、海産物に恵まれているので、女性たちもことに料理の腕を磨いてきたのでしょう。

　夫の実家でも、秋になると近隣のきれいな海や干潟で採れるアワビ、ナマコ、タコなどの貴重な海産物を使った高級料理をたくさん作りました。キムチも例外ではありません。身がしっかりついて艶があり甘みも海の香りも一段と濃くなる秋のアワビは、最高級品と言われています。

　適度に発酵したキムチのサクサク感、そしてこりこりと口の中に広がるもっちり感がたまりません。栄養面でも優れたアワビキムチは、元気に冬を過ごしてほしいという気持ちを込めて秋のうちに漬けておきます。家を訪れる大切なお客さまのおもてなしや、お世話になった人に感謝の気持ちを表すために、また近い親戚の幣帛《ぺべく》やイバジ料理としても贈りました。

　生きているアワビはかたくなく、味と香りも優れていますが、栄養たっぷりの内臓は別に保管しお粥にしてナバクキムチと一緒に間食として出します。

　アワビは、きれいな海の昆布とわかめだけを食べて育った韓国のものが最高と言われています。不老不死を求めて千年を生きようとした中国の始皇帝が、どんな手段を使っても「東邦の不老草」と呼ばれた韓国の海で取ったアワビを手に入れて食べたというのですから、その味と栄養は想像するにかたくありません。

15 コルパキムチ

様々な味を一度で楽しむことができる
しっかりとしたおかず

골파김치

材料

- ◆ ムマルレンイ（切り干し大根）　100g
- ◆ わけぎ（コルパ）　5～6本
- ◆ カラシナ　5～6本
- ◆ 発酵した唐辛子と葉　30個
- ◆ 乾燥したイカ　1尾
- ◆ ヤンニョム
  プルグック（➡P.31）…1/2カップ、エイの粉…大さじ1、イリコの粉…大さじ1、生エビ…大さじ1、アミの塩辛…大さじ1、みじん切りにしたニンニク…大さじ2、みじん切りにした生姜…小さじ1/2、唐辛子の粉…大さじ1/2、唐辛子の種…大さじ3

作り方

❶ ムマルレンイは埃などが残らないように揉み洗いした後、ひたひたになるまで水を注いで1～2時間かけて戻します。水気を手で絞ります。

❷ わけぎとカラシナを洗った後、わけぎは根元の部分を包丁の峰で叩いてから7～8cmの長さに切り、カラシナは3～4cmの長さに切ります。

❸ 発酵した唐辛子の葉は洗って水気を絞り、ヘタの端を少し切ります。

❹ 乾燥したイカは食べやすい大きさに切った後、柔らかくなるまで30分ほど水に浸けて戻します。

❺ 器にヤンニョムを入れて混ぜ、戻したムマルレンイとイカ、唐辛子の葉を入れ、ヤンニョムがよくしみ込むように手でしっかり和えます。

❻ ヤンニョムできれいに和えた❺に、わけぎとカラシナ、発酵した唐辛子を入れ、さらに和えればすぐに食べられます。また、常温で2～3日ほど、ヤンニョムがしみてしおれるほど寝かせてから食べてもいいです。

太めに切った乾燥したいか、日に干したムマルレンイ、ピリッと辛いわけぎ、黄色く発酵した唐辛子と唐辛子の葉、これがコルパキムチの主な材料です。コルパはわけぎの一種。韓国にはいろいろな種類のわけぎがあります。乾燥したイカが入るこのキムチは、イカが多く捕れる江原道の沿岸地方でよく漬けて食べられているキムチです。

唐辛子と唐辛子の葉は10月末にネットに入れて重石で押しつぶした後、酢を少し入れた塩水を注いで発酵させます。ピリリと辛い発酵した唐辛子はそのまま食べてもおいしく、ヤンニョムで適度に戻された柔らかくて噛み応えのあるムマルレンイとイカの味も最高です。

熱いご飯にわけぎを載せて食べるのも素晴らしく、一度にいろいろな味を味わえるのでこれといったおかずがないときに出すと喜ばれるキムチです。本格的なキムジャンが終わった頃、和えておかずとして食べます。

揉むように和えてすぐに食べてもよいですが、保存するとヤンニョムの味がしみ込みよりおいしくなります。噛むほどにヤンニョムと合わさった濃い旨味が出て、ご飯のお供には最適です。ムマルレンイとイカはヤンニョムがよくしみ込むように、手でしっかり揉むようにして時間をかけて和えないといけません。一方、わけぎは最後に入れて軽く和えます。

キムチに入れるムマルレンイは少し厚めのものが噛み応えがあっていいですが、日差しがいい秋の日に小指ほどの大きさに切り、朝から夜まで10日ほど乾燥させます。ムマルレンイを戻すときは水に長く浸すと大根の旨味成分が抜けてしまうので、埃などが残らないように揉み洗いした後、ひたひたになるまで水を注いでときどきひっくり返します。

16

牡蠣キムチ

寒いほど味と栄養が
深くなる生牡蠣を
たっぷり使った
芳しいキムチ

굴김치

作り方

❶ 白菜は下ごしらえし、根元に十字に切れ目を入れ2等分した後、かたい部分に塩水用の塩を半分ふり、残りの塩で塩水を作り6～7時間漬けます。

❷ 白菜のかたい部分が柔らかくなる程度に漬けたら、2～3回洗ってざるにあげて水気を切ります。

❸ 牡蠣は新鮮なものを選び薄い塩水で殻などが残らないように洗ったら、ざるにあげて水気を切ります。

❹ 器にヤンニョムを入れてよく混ぜ、端に牡蠣を置いて和え、他方の端で細切りの大根とわけぎ、カラシナを和えた後、牡蠣と混ぜて薬味を作ります。

❺ 漬けた白菜の葉の間に薬味を入れ、外側の葉でしっかり包んだ後食べやすい大きさに切ります。

材料

◆ 白菜　2kg
◆ 牡蠣　1カップ
◆ 大根の細切り（4cm）　一握り
◆ カラシナ（3cm）　1/2握り
◆ わけぎ（3～4cm）　1/2握り
◆ 塩水（水5カップ、塩1カップ）
◆ ヤンニョム

プルグック（➡P.31）…1カップ、みじん切りにしたニンニク…大さじ1、みじん切りにした生姜…小さじ1/8、生エビ…大さじ1、カレイの塩辛…大さじ2、イリコの粉…大さじ1、唐辛子の粉…大さじ4、唐辛子の種…大さじ2

深い味わいが特徴の南道キムチは、冷たい風が吹き始める秋になると、花が咲くようにより深く華麗な味になります。旬を迎えておいしくなった近隣の美しい海や砂浜で捕れる海産物に、作る人の腕前が加わるのですから、その味はさらに素晴らしいものになります。

芳しい香りと味で食欲をそそる牡蠣は、雄になったり雌になったりする不思議な生物です。押したときに弾力があってふっくらとしているもの、貝柱がしっかりと立っているものが新鮮でおいしいです。

空気が冷たくなり始める初秋から、南道では芳しくておいしい牡蠣キムチを作るのに忙しくなります。冬のミルクと言われる牡蠣は寒くなるほどその味が極上になり、そこに冷たい風にさらされてよりおいしくなった白菜までが加わるのですから、それこそ最高の出合いです。

旬を迎えた新鮮な生牡蠣をたっぷり入れて、ピリ辛に和えてその場で食べる即席キムチ。ぷりぷりとした牡蠣の芳しさと新鮮な味が、サクサクとするキムチと相まって、どんなキムチでも味わうことができない独特の風味があふれます。

牡蠣は他の魚介類より消化がよいので、子どもやお年寄りに食べさせたい食材です。一方、夫たちはマッコリを一杯飲まずにはいられないと言います。思わず飲みすぎてしまうほどの深くて濃い味、それが本物の南道の秋キムチです。

牡蠣はヤンニョムと和えにくいので、ヤンニョムを分けてまず牡蠣と和えた後、他の材料と混ぜると味もよく形もきれいに仕上がります。このとき力を入れすぎると牡蠣が崩れるので、軽く和えます。また、牡蠣を長く置くと鮮度が落ちるので、和えたらすぐに食べましょう。

17

海産物キムチ

新鮮な旬の海産物を惜しまず入れた
あふれる南道の深み

해물김치

材料

◆ 白菜　1kg

◆ 薬味

アワビ…1個、牡蠣…1カップ、細切りの大根…一握り、わけぎ（2cm）…1/2握り、カラシナ（2cm）…1/2握り

◆ 塩水（水2·1/2カップ、塩1/2カップ）

◆ ヤンニョム

プルグック(➡P.31)…1/3カップ、イリコの粉…大さじ1、カレイの塩辛…大さじ2、生エビ…大さじ1、イワシのジンジョッ…大さじ2、イワシのエキス…大さじ2、みじん切りにしたニンニク…大さじ1、唐辛子の粉…1/3カップ、唐辛子の種…大さじ2

作り方

❶ 白菜は根元に切れ目を入れ、かたい部分が柔らかくなる程度に塩水に5時間ほど漬けてから、2～3回洗います。ざるにあげて、2等分した後水気を切ります。細切りの大根、わけぎ、カラシナなど、薬味の材料を用意します。

❷ アワビは歯ブラシのようなもので洗った後、殻と身の間にスプーンを入れて身を取り出します。内臓を取り除いたら、洗って薄く切ります。

❸ 牡蠣は薄い塩水に入れてゆすりながら殻などが残らないように洗った後、ざるにあげて水気を切ります。

❹ 器にヤンニョムを入れて混ぜた合わせた後、半分に分けたものにアワビと牡蠣を入れて和えます。残りの半分に細切りの大根など薬味の材料をすべて入れて和えたら、アワビや牡蠣の海産物ともう1回和えます。

❺ 漬けた白菜の間に薬味を入れ、外側の葉で包みます。長く熟成させると海産物の食感が落ちるので常温で3日ほど熟成させてから新鮮な内に食べます。

潮の満ち干きが激しい西海岸にあり、海産物が豊かな全羅道。春と夏のキムチが山と野原から収穫する青い野菜を使った爽やかな味が主役だとしたら、智異山《チリサン》（韓国南部の全羅南道・全羅北道・慶尚南道にまたがる、小白山脈の南端に位置する山並の総称）の紅葉が濃くなる秋は、深い海から水揚げした海産物を使った旨味のあるキムチが主役になります。

牡蠣やアワビなどを入れてキムチを漬けるときには、表面がつるっとした海産物がヤンニョムとよく混ざらないため、野菜と混ぜる前にヤンニョムと和えておきます。また、普通のキムチよりヤンニョムの塩加減を強くすると全体的に味がよくなります。

羅州でも名門の宗家の嫁になり、指先を唐辛子の色に染めながらキムチを漬けて過ごした40年の歳月。言葉では表せないような大変なことも多かったのですが、先祖代々継承されてきた伝統文化や料理をすべて学んだ貴重な時間でもありました。

残念なことは、保守的な父が五人の男兄弟には勉強をさせてくれたのに、一人娘の私を学校に行かせてくれなかったので勉学を疎かにしたことです。そのとき勉強をしておけば、今より多くの韓国料理を学んで研究できたのにと後悔しています。

後代に伝わらず歴史の中に消えた料理もたくさんあるはずですし、今残っている伝統料理もだんだん忘れられていくように思えて残念です。若者に親しみを持ってもらえるような伝え方を研究し、次の世代、またその次の世代まで伝統料理を継承してほしいと願います。特にどんな料理にも負けない南道の華麗な深いキムチの味は、学んでも学びきれないと感じています。

18

イシモチキムチ

イシモチの身を丸ごと入れ、発酵させた
深くて濃い魚肉の珍味キムチ

조기김치

材料

◆ イシモチ　1尾
◆ 白菜　500g
◆ 大根の細切り　一握り
◆ わけぎ（3cm）　1/2握り
◆ カラシナ（3cm）　1/2握り
◆ 塩水（水2・1/2カップ、塩1/3カップ）
◆ ヤンニョム
プルグック（➡P.31）…1/3カップ、イリコの粉…大さじ1、生エビ…大さじ1/2、イワシのジンジョッ…大さじ2、イワシのエキス…大さじ1、みじん切りにしたニンニク…大さじ1、唐辛子の粉…大さじ4、唐辛子の種…大さじ1

作り方

❶ イシモチは半分乾燥したものを用意し、鱗を取るなどして下ごしらえします。真ん中の骨に沿って包丁を入れ、刺身にするように前後の身を取り外した後、斜め切りにします。
❷ 白菜は下ごしらえし塩水に5時間ほど漬け、かたい部分が柔らかくなる程度に漬かったらざるにあげて水気を切ります。
❸ 器にヤンニョムとイシモチを入れてよく和え、細切りの大根とわけぎとカラシナを入れてさらに和え薬味を作ります。
❹ 漬けた白菜の間に薬味を入れながら全体に万遍なくヤンニョムを塗った後、薬味をしっかり外側の葉で包みます。
❺ キムチをハンアリにおさめ、押して空気を抜いた後は100日間寝かせて発酵させます。

故郷の忠清南道唐津から嫁ぎ先の全羅道羅州までは、車で3時間の距離です。今のように交通が発達していなかった時代でもそれほど遠い距離ではありませんが、初めて見る様々なキムチはその漬け方までが大いに違い、その距離感はまるで嫁入り道具をいっぱい車に載せて実家を発ち夫の家である羅州に向かった道のように遠く感じたこともありました。

忠清南道キムチはとても素朴です。唐辛子の粉をはじめ、ヤンニョムは味が付く程度に少しだけ入れ、塩辛を使わず塩だけで塩加減を整えるので実に淡白です。しかし、羅州では簡単なキムチにもイワシの塩辛、アミの塩辛、イシモチの塩辛など基本的に2～3種類は入れ、あるときキムチに海産物まで入れるのを見て幼な心に驚いたこともあります。しかし、その深い味に魅了され、今は旬の時期になると漬けて食べなくては気が済まなくなりました。

半分乾燥したイシモチの身を薄く切って入れるイシモチキムチは、食べ物が不足していた冬に両班の家で漬けていた栄養満天のキムチです。庭の木の葉が紅葉になる頃に漬けると、キムジャンの時期を過ぎた後にちょうど食べごろになります。

キムチが熟成する間、海産物からアミノ酸が生成されて独特な味と香りはもちろん、旨味も増し抜群の滋養にあふれたキムチになるのです。大人の食欲をそそる深くて濃い味の魚肉キムチです。たんぱく質とミネラルが豊富なキムチで、冬に不足しがちなビタミンなどの栄養を補うことができます。全羅道では塩辛キムチを好みますが、塩辛を使わなくてもイシモチが発酵してその塩辛の役割をするので、おいしくいただけます。

19

ムオガリキムチ

무오가리김치

秋の日差しで少し乾燥させた
こりこりとした噛み応えが最高

材料

◆ 大根　1.2 ～ 1.3kg
◆ ヤンニョム
プルグック（➡ P.31）…1/3 カップ、イワシのジンジョッ…大さじ 3、アミの塩辛…大さじ 1、みじん切りにしたニンニク…大さじ 1、みじん切りにした生姜…少々、唐辛子の粉…大さじ 3、唐辛子の種…大さじ 2

作り方

❶ 大根は皮ごときれいに洗い、3～4cmの厚さに切ります。
❷ ざるに重ならないように大根を並べ、ときどき上下を返しながら外側が乾燥するように木の陰などで3日間陰干しします。この間、露に当たらないように、朝に出して晩に取り込むことを繰り返します。
❸ 器にヤンニョムを入れて和えた後、乾燥した大根を入れてよく混ぜます。ハンアリに入れ常温で4～5日ほど寝かせ、熟成し始めたら冬の間に出して食べます。

本格的なキムジャンの前に旬を迎える大根と白菜がおいしい時期を「キムジャン前」と言い、秋キムチを漬けます。キムジャンの前に二、三回漬けるキムチの中でも、こりこりとした噛み応えが抜群のムオガリキムチ。陰干しして適度に水分を飛ばした大根（ムオガリ）を使います。

夫だけを頼りに嫁いできたのに、夫は広い宗家に若い花嫁を一人残してソウルで勤務し、1年に1〜2回、お正月やお盆にならないと顔すら見ることができませんでした。義祖母、義理の両親、義理の姉、使用人を含めると30名以上の大家族。ひと月に2〜3回行う祭祀の際には、大勢のお客さまを迎えてそれは大変でした。

特に秋は1日が48時間あっても足りないほど忙しい季節。末成りの野菜を下ごしらえして数十種類の漬物を作り、なす、カボチャ、キュウリ、エゴマの茎、シレギなどを乾燥させて冬の食料を保存し、唐辛子の粉に塩辛、ニンニクの下ごしらえなどキムジャンの準備をしなければなりません。

終わりのない仕事の合間、「キムジャン前」の1〜2週間は、ムオガリや大根を使ったソッパクチ、鱗キムチなどを漬けました。陰干しをした大根を漬けたムオガリキムチはこりこりと噛み応えがよく、すぐに柔らかくならないので冬の保存食にはぴったりです。噛めば噛むほどヤンニョムと合わさった大根の甘味がにじみ出て、他のキムチでは味わえない貴重な味です。

ムオガリは大根を輪切りにして秋の日差しで乾燥させたもので、細切りにしたものはムマルレンイと言います。

20 鱗キムチ

비늘김치

大根本来の
あっさりとした味を
長く楽しむことができる
保存キムチ

作り方

❶ こぶしほどの大きさのトンチミ大根を用意し、皮ごときれいに洗った後、縦に切って2等分します。皮の縦と横に斜めの切れ目を入れます。

❷ 塩水を作り、切れ目を入れた皮の部分を下にするように置いて1時間ほど漬けた後、上下を返してさらに1時間ほど漬けます。全体的に柔らかくなったら、水気を切ります。

❸ 器にヤンニョムを入れてよく混ぜ、そこに細切りの大根とわけぎ、カラシナを入れて和え薬味を作ります。

❹ 漬けた大根の切れ目にヤンニョムした薬味をきれいに入れた後、全体にヤンニョムを万遍なく塗ります。その後、ハンアリに一つずつ入れて熟成させます。

材料

- ◆ トンチミ大根　1kg
- ◆ 大根の細切り（3cm）　1/2握り
- ◆ わけぎ（2cm）　1/2握り
- ◆ カラシナ（2cm）　1/2握り
- ◆ 塩水（水1カップ、塩1/2カップ）
- ◆ ヤンニョム
  プルグック（➡P.31）…2カップ、唐辛子の粉…大さじ5、唐辛子の種…大さじ2、イワシのエキス…大さじ2、みじん切りにしたニンニク…大さじ1

トンチミを漬けるときに使うのは、先端が丸くて13～14cmくらいの大きさの朝鮮大根です。半分に切ったら皮に魚の鱗のように切れ目を入れて、そこに細切りの大根などヤンニョムした薬味を入れます。

薬味を入れやすいように、大根は十分塩水に漬けて柔らかくしておき、切れ目は深く入れます。斜めに入れた切れ目が魚の鱗のようなので鱗キムチと名をつけられました。

普通はキムジャンの時期によく漬けますが、わが家ではキムジャンの時期に漬けなくてはならないキムチの種類が多いので、本格的なキムジャンの前に漬けて冬に食べるための保存用大根キムチにします。

味がよくしみ込むように、キムジャンキムチと同じく地面に埋めたハンアリに一つずつ入れて熟成させます。真冬に積もった雪をかきわけて干し柿を取り出して食べるように、一つずつ取り出して食べるこの味は忘れることができません。

大根のかたい質感がそのまま残って一口噛むと「サクッ」という音が傍らにいる人に聞こえるほどです。その味が評価されて、宮中でも冬のキムチとして漬けて食べていたそうです。

鱗キムチは旬を迎えた大根のあっさりとした爽やかな味を長く楽しむことができる魅力的なキムチで、大根キムチが好きなわが家では、毎年欠かさず漬けて食べます。鱗キムチに使う小さくてかたい在来種の朝鮮大根は特有の辛さはありますが、キムチにして漬けると長く保存してもサクサク感が損なわれませんし、あっさりとした甘味が出てきます。

宮中キムチなので、細切りの大根は一定の長さにそろえて切るときれいな仕上がりになり、腕のよさがより目立ちます。

21

ソッパクチ

석박지

手のひらの大きさに切った大根のあっさりとした味がたまらない伝統的なキムチ

材料

◆ 大根　1kg
◆ 塩水（水3カップ、塩1/2カップ）
◆ ヤンニョム
プルグック（➡P.31）…大さじ4、みじん切りにしたニンニク…大さじ1、みじん切りにした生姜…小さじ1/4、イワシのエキス…大さじ2、イリコの粉…大さじ2、唐辛子の粉…大さじ4、唐辛子の種…大さじ2

作り方

❶ 大根は皮ごときれいに洗った後、8cmほどの大きさに切ります。そして1cmの厚さになるように切ります。
❷ 塩水に大根を入れ、しなやかになるまで3時間ほど漬けた後、ざるにあげて水気を切ります。
❸ 器にヤンニョムの材料をすべて入れてよく混ぜたあわせた後、漬けた大根を入れてヤンニョムとよく混ざるように揉みながら和えます。
❹ ハンアリに一つ一つ入れ、空気が抜けるように上から力いっぱい押します。屋外で17～20日ほど寝かせた後、熟成したら食べます。

ソッパクチもやはり、ムオガリキムチ（２０２ページ）と同じくキムジャン前に漬けるキムチの一つです。

　冷たい風が吹き始めると大根の味がよくなり、生で食べても甘味があります。あまりのおいしさに高麗人参より体にいいと言われるほどです。そんな大根を大人の手のひらほどの大きさに切ってヤンニョムで和えると、薄味ながらもしっかりとした味がたまりません。

　地面に埋めたハンアリに保存し、冬になったらご飯のおかずとして出します。大きなソッパクチ一つで、ご飯一膳があっという間になくなります。

　ソッパクチは、昔からの味を守るソルロンタン（牛の頭、足、ひじ肉などを煮たスープ）とコムタン（牛の肉と内臓を長時間煮込んで作るスープ）の専門店に行くと食べることができますが、今はキムチにたくさんのヤンニョムを入れて作るのでさっぱり感がありません。以前はヤンニョムを少なめに入れ大根のあっさりとした味を活かすように漬けました。

　「ソッパクチ」は、混ぜるという意味の「ソク」とキムチを意味する「チ」を組み合わせた名前で、混ぜて食べるキムチという意味です。昔の資料をみると、１７００〜１８００年代に宮中で食べたと記されていますが、韓山麻苧《ハンサンモシ》（草の繊維でつくるからむし織のようなもの）で有名な韓山（忠清南道舒川郡の昔の名前）から始まって「全国で最もおいしいキムチ」という資料に記録されるほど人気が高かったキムチです。

　あっさりとした味を楽しむためにキムジャンの前後に2〜3週の間隔で3〜4回漬けておき冬になると次々と出して食べます。家族全員大根キムチが好きで、夫と子どもも舌鼓を打って味を楽しみます。

22

牡蠣カクテキキムチ

굴깍두기김치

新鮮な海をそのまま食べるような芳しい秋キムチ

材料

- ◆ 大根（大きめのもの） 1.5kg
- ◆ 牡蠣 200g
- ◆ 粗塩 少々
- ◆ わけぎ（2cm） 少々
- ◆ 塩水（水大さじ 2、塩大さじ 2）
- ◆ ヤンニョム
  プルグック（➡ P.31）…1/3 カップ、みじん切りにしたニンニク…大さじ 1、イワシのエキス…大さじ 3、唐辛子の種…大さじ 3、唐辛子の粉…大さじ 4

作り方

❶ 大根は皮ごときれいに洗った後、2cm角に切ります。

❷ 器に大根を入れて塩をふり、よくかき混ぜます。ここに水を加え1時間30分ほど付けます。その後、ざるにあげて水気を切ります。

❸ 牡蠣は新鮮で小さめのものを選び、薄い塩水で殻や不純物を取り除いた後、ざるにあげて水気を切ります。

❹ 器にヤンニョムを入れてよく混ぜた後半分に分け、その半分に牡蠣を加えて和えたら、皿に移します。

❺ 残りのヤンニョムには大根を加えてよく和え、あらかじめ和えておいた牡蠣とよく混ぜます。

海辺の石に付いて育つ牡蠣を、岩に咲いた「石花」と呼びます。天然の牡蠣は小さく、養殖の牡蠣は少し大きめです。香りがよくて輪郭線がくっきりして弾力のあるものが新鮮でおいしい牡蠣です。その栄養価は言うまでもありません。

羅州が故郷である夫は、近隣の榮山浦で捕れる新鮮な海産物をたくさん食べて育ったせいでしょうか。キムチもエイのキムチやアワビキムチ、牡蠣キムチ、牡蠣カクテキのように海産物が入ったキムチを好みます。特に新鮮なものをそのまま食べる牡蠣やアワビが入ったキムチは、ヤンニョムをしている最中にもその芳しさが我慢できなくなるのか、「まだキムチはできないのか」と私をせかします。

テレビではよく季節ごとに産地を訪れ、故郷の話と一緒に特産物も紹介し、旬の材料に料理法まで教えてくれる番組があります。風が冷たい秋には海産物が旬を迎えておいしくなるので、主に海辺を紹介します。そんなときに苦労して牡蠣漁をしている様子などが写しだされると、高い安いと言わずにただおいしくいただけることを感謝しようと思います。

また容器いっぱいに捕った牡蠣を見て、「あの新鮮な天然の牡蠣を使ってカクテキを漬ければ、牡蠣が大好きな夫がどれだけ喜ぶか」と考えて、たまらずその場で市場に駆け付けたこともあります。

様々なヤンニョムを入れてさっと和えると見た目もきれいで味もおいしくなる牡蠣カクテキ。何より新鮮な牡蠣の香りに引き寄せられて食べるキムチなので、少しずつ漬けて食べるのがおいしさの秘訣です。

23

スクカクテキキムチ

歯が弱ってきた義理の両親のために作った大根キムチ

숙깍두기김치

材料

- ◆ 大根（大きめのもの） 1.5kg
- ◆ みじん切りにしたわけぎ 大さじ 1
- ◆ ヤンニョム

プル·グッツ（➡ P.31）…大さじ 4、イワシのエキス…大さじ 3、みじん切りにしたニンニク…大さじ 1、みじん切りにした生姜…小さじ 1/4、昆布だし（➡ P.31）…大さじ 2、唐辛子の粉（パウダー）…大さじ 3、唐辛子の種…大さじ 2

作り方

❶ 大根は小さめのものを選びきれいに洗った後、皮を少しむいて2cm角に切ります。

❷ 鍋に水を入れて沸かした後、大根を入れ外側が透明になるまで茹でます。ざるにあげて水気を切ります。

❸ 器にヤンニョムを入れてよく混ぜ、コリコリ感を残して茹でた大根を入れます。よく和えて皿に盛り、みじん切りにしたわけぎを散らします。

韓国料理では、ナムルや野菜などをお湯で茹でることを「スク（〝熟〟の韓国語読み）」と言います。したがってスクカクテキとは、正方形に切った大根を沸かしたお湯で茹でて和えるカクテキキムチのことです。主に歯が弱くて噛むことが難しいお年寄りや子どものために漬けるキムチですが、普段食べるカクテキとは違う味を楽しむことができます。

義祖母は97歳、姑は89歳で亡くなりましたが、歯が弱くなってからよく漬けて朝食に出したキムチです。年を取っても料理に関しては厳しい二人だったので、茹ですぎて柔らかくなりすぎても、茹で加減が足りずかたくなりすぎてもいけませんでした。大人の口に一口で入るほどの大きさにきれいに切りそろえて、コリコリと噛み応えが残るように茹でました。

義祖母と姑の機嫌を窺いながら暮らした歳月は簡単には忘れられません。「不揃いだ、薄い、塩辛い」などと口うるさく小言を言われました。二人が亡くなった今は、そんなにきれいに切らなくても誰にも叱られないのですが、自然と手がきれいに大根を切っているのが不思議です。長い歳月を経て、骨の髄まで宗家の嫁になってしまったのかもしれません。

大根以外には特別なものを入れずに漬けるキムチなので、大根はみずみずしくおいしいものを選びます。旬を迎えた秋の大根を洗ってかたい皮を少しむいて角切りにします。それを、外側は透明で中はコリコリとした食感が出るように茹でます。このキムチはもともと刺激が少ないヤンニョムで作ります。大根からも水気が出るのでさらにやさしい味になります。

24

チョンカクテキキムチ

정깍두기김치

正しい考えと
正しい心を持って
育てと願い
作っていた胎教キムチ

作り方

❶ 大根は中がかたいものを選び、皮ごときれいに洗います。そして2cm角に切りそろえます。

❷ 器に大根を入れて塩をふり、軽く混ぜたら、水を入れて1時間ほど漬けます。

❸ 大根が柔らかくなったら、ざるにあげて水気を切ります。

❹ 器にヤンニョムを入れてよく混ぜた後、柔らかく漬けた大根を入れよく和えます。屋内や屋外で寝かせ、汁から泡が出る程度に熟成させたら冷蔵庫で保管します。

材料

◆ 大根（中位のもの）　1.2 〜 1.3kg
◆ 塩水（水大さじ 2、塩大さじ 2）
◆ ヤンニョム
プルグック（➡ P.31）…1/3 カップ、唐辛子の種…大さじ 1、唐辛子の粉（パウダー）…大さじ 3、イワシのエキス…大さじ 3、みじん切りにしたニンニク…大さじ 1、みじん切りにした生姜…小さじ 1/4

羅州は昔「小漢陽《ハンヤン》」（ソウルの昔の名前）と呼ばれていたほど地勢がよい場所です。そのためか全国に名を馳せた人材を多く排出し、義理の両親も羅氏家一門の中から名を轟かせるような子孫が生まれることを願っていました。

羅氏宗家に嫁いだ私は、息子を三人産みました。姑は息子を一人しか授からなかったので、いつも夫に何かあってはとハラハラしながら育てたそうなので、頼りになる孫が三人もできたことをとても喜んでくれました。

妊娠するたびによいものだけを食べて、正しいことだけを考えるようにしました。カクテキでは誠意を尽くして漬けたチョンカクテキを食べました。チョンカクテキ（チョンは〝正〟の韓国読み）とは、宮中や両班の家で胎教によい料理として食べた大根キムチです。

お腹の赤ちゃんが正しい考えと正しい心を持って健康に育つようにと願いを込めて、大根の大きさも大きすぎず小さすぎず、一口大に切りそろえます。丸い大根の端はすべて切り取り、中の四角い部分だけを切って漬けました。母親が辛すぎず塩辛くもない体にいい料理を食べれば、お腹の赤ちゃんも清く正しい性格を持つようになるという祖先の願いを込めた韓国の伝統的な胎教料理です。

カクテキ用の大根は中がかたくて辛味がありますが、キムチにしたときにサクサク感とあっさりした甘味が出る小さめの在来種の大根を選びます。付いている葉を切って、茹でてから乾燥させてもいただけます。

チョンカクテキキムチは熟成すると水気が多く出るので、ヤンニョムが汁で薄くなることを考慮してヤンニョムの量を多めにするのがポイントです。

冬の食卓

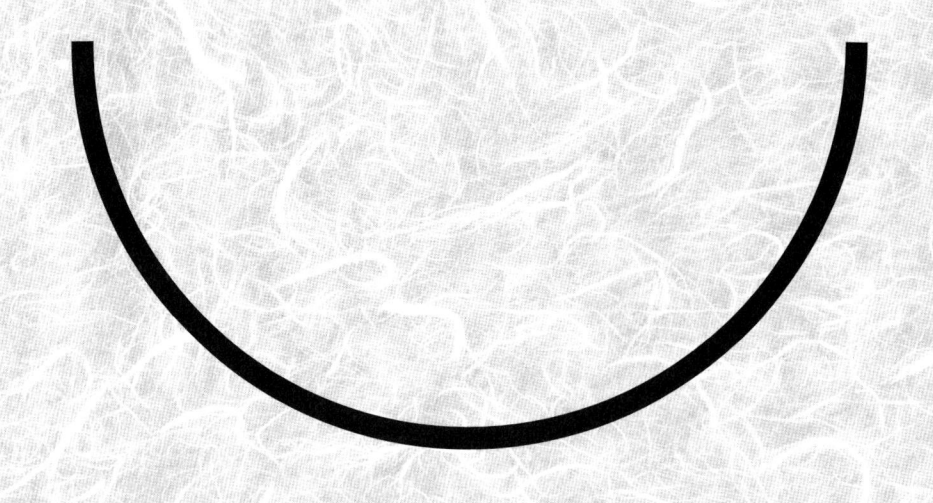

キムジャンを漬ける

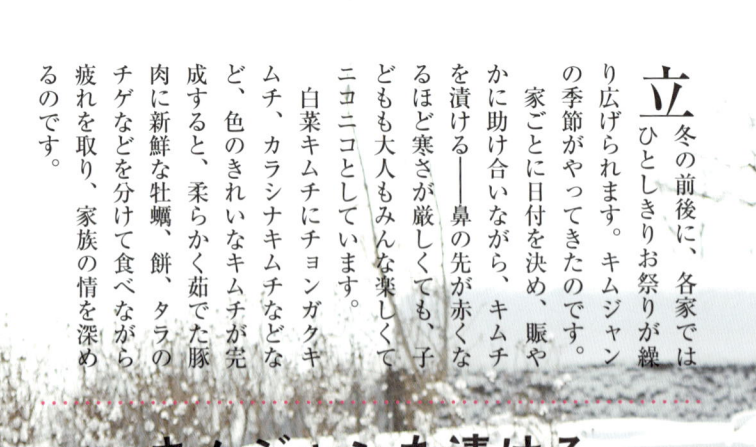

立冬の前後に、各家ではひとしきりお祭りが繰り広げられます。キムジャンの季節がやってきたのです。

家ごとに日付を決め、賑やかに助け合いながら、キムチを漬ける——鼻の先が赤くなるほど寒さが厳しくても、子どもも大人もみんな楽しくてニコニコとしています。

白菜キムチにチョンガクキムチ、カラシナキムチなどなど、色のきれいなキムチが完成すると、柔らかく茹でた豚肉に新鮮な牡蠣、餅、タラのチゲなどを分けて食べながら疲れを取り、家族の情を深めるのです。

まずは白菜を塩で漬ける

1 下ごしらえをする

白菜は根元を切り、
黄色くなったりしおれた
外側の葉を取ります。

2 切れ目を入れる

根元を5cmの深さに
十字に切れ目を入れます。

3 二つに分ける

切れ目を入れたところに
親指を入れ、力を込めて
二つに分けます。こうすると
白菜がバラバラになりません。

4 塩水を用意する

白菜1株に水5カップ、
にがりを抜いた粗塩
1カップを準備します。

5 塩水を作る

器に水を注ぎ
塩の1/2を入れた後、
十分にかき混ぜて
塩を溶かします。

6 白菜を湿らせる

塩水に白菜の切った面を
入れてよく湿らせたら
ひっくり返し、白菜の葉の
間にしみ込むように
塩水をかけます。

7 塩を振る

残りの塩の1/2は、
芯のかたい部分に、
2～3枚ごとにふります。

8 塩をこする

手に付いた塩を
白菜の切断面に
ごしごしとこすって塗ります。

9 漬ける

ときどき白菜をひっくり返し
ながら、かたい部分が
柔らかくなる程度に漬けます。
漬ける時間は季節によって
異なりますが、
夏は4～5時間、冬は
8～9時間程度漬けます。

10 洗う

塩気をしっかりとっておかない
と、あとで漬けた汁が
ぬるぬるになります。
3～4回ほど洗った後、
白菜の切断面が下を向くよう
にして水気を十分切ります。
このとき白菜をさらに半分に
分け、4等分します。

塩水を作る

キムチを作るときに最も難しいのは、塩水に漬けることです。ほどよく漬けると塩加減が絶妙になりおいしいキムチになりますが、白菜や大根などの材料に含まれている水分や、各家庭の塩加減が違うので「これが正解」と言い切ることはできません。一般的には、白菜１株に水５カップ、にがりを抜いた粗塩１カップが適量です。

適度に熟成させる

キムチは塩水にどのようにして漬けるかによって味が左右されます。しかし、最近はマンションや一軒家など、住居の環境が以前とは違うので、「どこに置いてどう漬ける」と一言で言うことができません。
ただ、漬けた後は常温に置いて熟成させます。キムチが完成したら冷蔵庫に保管して食べてください。キムチはまず汁に味が付きますが、キムチ汁から小さな泡が出たら味が付き始めたという証拠です。このとき冷蔵庫に入れ、後は熟成させながら食べましょう。

適度に漬ける

白菜は、塩加減と天気によって漬ける時間を変えます。暑い夏には通常 4 ～ 5 時間、気温が低い秋は 8 ～ 9 時間、とても寒い冬なら 10 時間ほど漬けます。このとき 1 ～ 2 時間おきに上下をひっくり返すと、漬ける時間が 1 時間ほど短縮できます。このとき時間も重要ですが、最も重要なのは白菜のかたい部分が柔らかくなる程度まで漬けることです。漬け過ぎてしまうと水分が抜けてかたくなり、漬け加減が足りないとキムチが柔らかくなりすぎます。大根は旬のものかどうか、どんなキムチを漬けるかによって漬け方が変わります。基本的に小さめのトンチミ大根は 4 ～ 5 本に対して水 10 カップに塩 2 カップで塩水を作り、外側が柔らかくなるまで漬けます。小さなチョンガクキムチは 20 本に対して水 5 ～ 6 カップに塩 2/3 カップ、カクテキ用の大根は中くらいの大きさのもの 1 本に対して、まずは角切りにしたものに塩大さじ 2 を入れ混ぜた後、水大さじ 2 を注ぎ薄味になるように 1 時間ほど漬けます。チョンガクムや白菜のような葉が柔らかい素材は、長く漬けると水分が抜けてかたくなり苦味がでるので、しんなりする程度に 30 分ほど漬けます。

すり鉢は伝統器です。大きい踏み臼や臼でつくことができない小さな穀物やヤンニョムなどを作るときに使うもので、内側が凸凹で、杵という丸い棒を回して材料を細かくすります。主に全羅道地方でキムチを漬けるときに多く使われました。

一枚の葉のキムチでも、きちんとしたものを食べさせてあげたくて、鉢で乾燥した唐辛子をすりながらキムチを漬けました。40 年の歳月、すり減ってすべすべになり自分の役割を果たした杵は、キムチの歴史を語るように厨房の片隅を占めています。

すり鉢でヤンニョムを作る

1 材料を用意する

漬けるキムチによって
必要な材料を準備します。

2 乾燥した唐辛子を準備する

乾燥した唐辛子は2～3cmの長さに切った後、
よくすれるように水分を含ませてから使います。
イリコも用意します。

3 唐辛子をする

すり鉢に湿らせた唐辛子を入れ、
一定の方向に杵を回しながらすります。
このとき濃すぎないように水を少し（大さじ2～3ほど）だけ注ぎながらすります。

4 イリコをする

乾燥した唐辛子を皮が薄くなるまで
十分すったら、イリコやイリコの粉、
乾燥したエビなどを入れ、細かくすります。

5 プルグックを入れる

プルグック（➡ P.31）を入れた後、
乾燥した唐辛子とよく混ざりあうように
軽くすりながら混ぜます。

6 ヤンニョムを入れる

準備した他のヤンニョムを入れ、
生エビやアミの塩辛などを細かくするために
もう一度すります。

7　唐辛子の粉を入れる

ヤンニョムがよく混ざったら、唐辛子の種と
唐辛子の粉を入れてさらに混ぜます。
唐辛子の粉を先に入れると塩辛と
混ざり合って色が濁ってしまうので、
このタイミングで入れます。

8　ヤンニョムを混ぜる

全てのヤンニョムがよく混ざるように
十分かき混ぜます。

9　副材料を入れる

ヤンニョムがよく混ざったら、用意した
細切りの大根、カラシナ、わけぎなどの
副材料を入れ、軽く和えながらよく混ぜます。

10　和える

完成したヤンニョムに白菜や大根、
チョンガクムなどを入れよく和えます。
白菜の場合、かたい部分にだけヤンニョムを
入れ、全体的には万遍なくヤンニョムを
塗りながら和えます。

11　包む

ヤンニョムを塗った白菜は崩れないように
外側の葉で包み、ハンアリにきちんと並べ、
上から押して空気を抜きます。残っている
外側の葉などで覆い、熟成させます。

★

乾燥した唐辛子、イリコ、乾燥したエビなどは、すり鉢がないときは粉磨機を利用しましょう。ミキサーだと栄養素が破壊されてしまいます。アミの塩辛などは包丁でみじん切りにして入れ、普通のキムチを漬けるのと同様ヤンニョムします。

1 唐辛子の種入り白菜キムチ

고추씨배추김치

伝統の方法そのままで乾燥した
唐辛子をすって漬け
次の年の春までサクサクと楽しむ

※唐辛子は韓国産唐辛子を想定した分量です。また特別な指定がないものは中粗の唐辛子を使ってください。

材料

- ◆ 白菜　1株2kgぐらいのもの2株
- ◆ 大根　厚さ5cm 1切れ
- ◆ わけぎ　10本
- ◆ カラシナ　1本
- ◆ 塩水（水10カップ、塩2カップ）
- ◆ ヤンニョム

乾燥した唐辛子…15個、プルグック（➡P.31）…1カップ、イリコ…10匹、みじん切りにしたニンニク…大さじ3、みじん切りにした生姜…小さじ1/4、イワシのジンジョッ…大さじ2、アミの塩辛…大さじ3、イワシのエキス…3カップ、唐辛子の粉…1・1/2カップ

作り方

❶ 白菜はしおれた外側の葉を取り除き、根元に5cm程度の十字の切れ目を入れます。切れ目に親指を入れて広げ二つに分けます。

❷ 塩の半分量を水に入れかき混ぜて溶かした後、白菜を入れて湿らせます。残りの塩は白菜のかたい部分にふり、ときどきひっくり返しながら5～6時間ほど漬けます。

❸ 大根は細くなりすぎない千切り、わけぎとカラシナは下ごしらえをして洗った後3～4cmの長さに切ります。

❹ 白菜のかたい部分が柔らかくなる程度に漬かったら3～4回洗い、切断面を下にしてざるに並べて水気を切ります。

❺ 乾燥した唐辛子を2cmの長さに切り、水に湿らせ、すり鉢に入れてよくすります。その後、プルグックとイリコ、アミの塩辛を入れて、さらにすります。残りのヤンニョムを入れて混ぜます。

❻ ヤンニョムに細切りにした大根とカラシナ、わけぎを入れて薬味を作ります。塩水に漬けた白菜に薬味を入れ、かたい部分を中心にして半分に折り、外側の葉で包みます。

❼ 白菜を容器に入れて常温で熟成させるか、ベランダで1～2日ほど漬けてから冷蔵庫で熟成させます。

料理を学んでから嫁いだのですが、大家族の家事などは初めてだったので1〜2年目は姑によく叱られました。家族は素晴らしい料理の腕の持ち主だった姑の味に慣れていたので、最初は苦労しました。特に年を越してからも食べるキムジャンキムチが最も心配の種でした。

羅氏宗家を代表する唐辛子の種入り白菜キムチは、次の年まででサクサク感が生きていなければなりません。姑が漬けていた伝統的な方法そのままに、すり鉢で乾燥した唐辛子とイリコをすって誠意を尽くして漬けました。特に旨味を出すのに欠かせない塩辛は火にかけると香ばしさがなくなるので、生で入れて見た目もきれいな奥深い味に仕上げました。

白菜は全体的に短めでふっくらとして、外側は緑色で中は黄色いものを選びます。塩水に漬けるときはときどき上下をひっくり返します。漬けた白菜は十分洗わないとぬめりが出ます。白菜ヤンニョムが薄すぎたり、白菜を十分に漬けなかったり、温かすぎるところで熟成させるとキムチが柔らかくなるので注意しましょう。

最近では、「ハクドク（すり鉢の韓国語）」という言葉自体を知らない人が多いのですが、キムチを漬けるときはすり鉢を洗うところから始めました。結婚するとき母がくれた7個のすり鉢のうち2〜3個はやんちゃな息子たちが野球バットで割ってしまい、残ったものもとっくの昔にすり減って役割を終えました。

すり鉢は一生使える道具だと言われているのに私はいくつも使い果たしました。これまでどれほど多くのキムチを漬けてきたのか想像ができません。気前のよい姑は、キムジャンを種類別に20〜30個は漬けないと満足せず、白菜だけでも千株以上を漬けました。

2

唐辛子の種白キムチ

고추씨백김치

羅州羅氏宗家でのみ
味わうことができる
さっぱりとした白キムチ

作り方

❶ 白菜はしおれた外側の葉を取り除き、根元に5cm程度の十字の切れ目を入れます。切れ目に親指を入れて広げ、二つに分けます。

❷ 塩の半分量を水に入れてかき混ぜて溶かした後、白菜を入れて湿らせます。残りの塩は白菜のかたい部分にふって、ときどきひっくり返しながら5〜6時間ほど漬けます。

❸ 白菜のかたい部分が柔らかくなるまで漬かったら3〜4回洗い、切断面を下にしてざるに並べて水気を切ります。

❹ 器にプルグックなどヤンニョムの材料を加えてよく混ぜた後、塩水に漬けた白菜を入れて、かたい部分を中心にヤンニョムを万遍なく塗ります。

❺ 外側の葉で上手に包んで容器に入れ、屋外で1週間ほど寝かせて熟成させ、その後冷蔵庫に入れます。

材料

◆ **白菜**　1株2kgぐらいのもの2株

◆ **塩水**（水10カップ、塩2カップ）

◆ **ヤンニョム**

プルグック（➡P.31）…1カップ、イワシのエキス…大さじ3、みじん切りにしたニンニク…大さじ2、みじん切りにした生姜…小さじ1/4、唐辛子の種…2カップ

200種類以上漬けるキムチの中で、最もシンプルに漬けた唐辛子の種を使った白キムチ。細切りの大根やカラシナなどの副材料や唐辛子の粉などは一切入れない代わりに、唐辛子の種だけをたっぷり入れて漬けます。

　このキムチは、使用人と一緒に食べるために漬けたものです。いい唐辛子を使うキムチは大人とお客さんに出さなければならなかったので、このキムチは別に漬けました。いい白菜は使えず、唐辛子の粉ももったいなくて使えないので、最後に残ったまだ完全に赤くなっていない唐辛子の種を集めてヤンニョムを作り、白菜だけをさっと和えます。

　唐辛子よりビタミンCが多い唐辛子の種を利用するので、栄養面からみると素晴らしいキムチです。

　ポイントは、水分が少なく甘味が強くて保存性に優れたカラクベチュ（白菜の一種）を使うことです。白菜は普通のキムチより少し短めに塩水に漬け、かたい部分は弾力が残る程度にします。ヤンニョムはかたい部分を中心に入れると、熟成したときに味がさっぱりしておいしくなります。

　結婚して1～2年後から漬けて食べ始めた唐辛子の種白キムチ。最初からおいしい味が出せたわけではなく、よりよい味を出すためにヤンニョムを加えたり抜いたりして何回も漬けました。

　舌を刺激するさっぱりとした味と、唐辛子の粉を入れて漬けたキムチに負けないほどのピリッと辛い味が特徴で、食べた人は一度食べると忘れられないと言います。

　漬けた次の年まで白菜にハリが残る羅州羅氏25代宗家の嫁カン・スニだけの唐辛子の種白キムチは、味にうるさい大人たちもおいしいと誉めてくださり、お客さまにも出せるまでになりました。

3

トンチミキムチ

동치미김치

キムジャンの前に漬けて冬に楽しむ
サイダーのように口の中を刺激する
さっぱりした味

材料

- 大根（中位のもの）
  5～8個（1個は1.2kgぐらいのもの）
- わけぎ　6～7本
- 青カラシナ　1/2握り
- 発酵した唐辛子　5～6個
- ナツメ　10個
- 塩水（水10カップ、塩2カップ）
- 汁
  昆布だし（➡P.31）…1カップ、塩…大さじ3、水…20カップ、みじん切りにしたニンニク…大さじ1、みじん切りにした生姜…小さじ1/8、プルグック（➡P.31）…大さじ2

作り方

❶ 葉が付いているトンチミ大根を、皮ごときれいに洗います。
❷ 塩水を作り大根を入れた後、外側が柔らかくなるまで約一晩漬けます。その後ざるにあげて水気を切り、大根の葉を丸めて結びます。
❸ わけぎとカラシナを下ごしらえして洗った後水気を切ります。ナツメは水で軽く揉むようにして洗います。
❹ 昆布だしに塩と水を入れてよくかき混ぜて、2時間置いた後に塩加減を味見します。薄ければ塩を加えて調節した後、プルグックとみじん切りにしたニンニク、生姜を加え、汁を作ります。
❺ 容器に塩水に漬けた大根を丸ごと入れ、発酵した唐辛子とナツメを大根の間に入れた後、わけぎやカラシナを上に載せて汁を注ぎます。常温である程度熟成させた後、冷蔵庫で保管します。

わが家ではキムジャンの前に漬けて、冬の間いつも食卓に出す水キムチが二つあります。それは、トンチミキムチと赤カラシナトンチミキムチ(次ページ)です。夫のためにさっぱりした酔い冷ましのスープ、忙しい日の汁ものの代用、歯がしびれるほど冷たいトンチミ麺の汁、あつあつに茹でたサツマイモや餅を食べるときに添えるなど、食欲をそそり健康にも役に立つわが家の冬用水キムチです。

夫は食事のたびに器一杯を飲んで胃腸を整え健康を保っていますが、「昔おばあさんが漬けた味そのまま、サイダーのように刺激があって一口飲むと心まですっきりするようだ」と言います。

わが家のトンチミの特徴は、すっきりと舌を刺激する味を出すために、あれこれ入れずに漬けることです。まず、大根は大きすぎないものを用意して、弾力のあるお尻のような感じになるまで塩水に漬けます。

さっぱりした汁の味を出すためには、砂糖などを一切使いません。汁には旨味を出すために昆布だし、長く保存して食べても刺激が続くようにナツメ、ピリッと辛い味を活かすために発酵した唐辛子を入れます。

この上に、カビなどが生えないように防腐剤の役割をするカラシナを載せて50日以上十分熟成させます。青カラシナを載せると清らかなさっぱりとした味わいになりますし、赤カラシナを載せると濃いピンク色になってまた違った味わいのカラシナトンチミキムチになります。また、トンチミにナツメを入れると刺激が長持ちしますが、切って入れると柔らかくなって汁が汚くなるので、丸ごと入れます。

4

赤カラシナトンチミキムチ

홍갓동치미김치

赤カラシナを入れてきれいに染めた
心まですっきりさせる味

材料

- 大根（中位のもの）
  5 ～ 8 個（1 個 1.2kg のもの）
- わけぎ　6 ～ 7 本
- 赤カラシナ　1/2 握り
- 発酵した唐辛子　5 ～ 6 個
- ナツメ　10 個
- 塩水（水 10 カップ、塩 2 カップ）
- 汁
  昆布だし（➡ P.31）…1 カップ、塩…大さじ 3、水…20 カップ、みじん切りにしたニンニク…大さじ 1、みじん切りにした生姜…小さじ 1/8、プルグック（➡ P.31）…大さじ 2

作り方

❶ 葉が付いたトンチミ大根を、皮ごときれいに洗います。
❷ 塩水を作り大根を入れた後、外側が柔らかくなるまで約一晩漬けます。その後ざるにあげて水気を切り、大根の葉を丸めて結びます。
❸ わけぎとカラシナは下ごしらえをして洗った後水気を切ります。ナツメは水で軽くもむようにして洗います。
❹ 昆布だしに塩と水を入れよくかき混ぜて、2時間置いた後に塩加減を味見します。薄ければ塩を加えて調節した後、プルグックとみじん切りにしたニンニク、生姜を加えて、汁を作ります。
❺ 容器に塩水に漬けた大根を丸ごと入れ、発酵した唐辛子とナツメを大根の間に入れた後、わけぎやカラシナを上に載せて汁を注ぎます。常温である程度熟成させた後、冷蔵庫で保管します。

トンチミ作りでよく失敗するのは、柔らかくなりすぎたり、カビのような異物ができてしまうことです。それを防ぐためには、最後に必ずカラシナを載せます。

カラシナが防腐剤の役割を果たして細菌の繁殖を防いでくれますし、特有のピリッと辛い味と香りが染み込んですっきりした味わいのトンチミになるのです。

カラシナは色によって「青カラシナ」と「赤カラシナ」に分かれますが、白菜キムチやカクテキなどのように唐辛子の粉を入れ赤く和えるキムチには香りが濃い赤カラシナを、トンチミや白キムチなどにはあっさり感を出す青カラシナを主に使います。

青カラシナを入れたトンチミと、赤カラシナを入れたきれいな色の赤カラシナトンチミは分けて漬けます。赤カラシナトンチミは普通のトンチミと漬け方は同じですが、汁が赤くなったらすぐ取り出しましょう。そうしないと柔らかくなりすぎておいしくなくなります。

トンチミはキムジャンの時期によって作り方が違いますが、11月中旬以降は小さくてかたいキムジャン用の大根で漬けます。口の中を刺激する味を出すのは発酵した唐辛子ですが、唐辛子が発酵するまでに15日間かかりますので、その前にあらかじめチョンヤンコチュを下ごしらえし発酵させ、他の家より多くトンチミを漬けます。

ナツメはトンチミが熟成する過程で出る嫌なにおいを消す役割をするので、大根4～5本に10個と多めに入れます。地面に埋めたハンアリに入れて熟成させるとおいしくなりますが、それができない場合は密閉容器に入れ常温で7～10日ほど熟成させた後、冷蔵庫で保管します。

5

チョロッムキムチ

초록무김치

新春、ひりっとする味で、食欲をそそり、薬になる

材料

- ◆ チョロッム（緑色大根）　１束（10本ぐらい）
- ◆ 水　１カップ
- ◆ 塩水（水５カップ、塩１カップ）
- ◆ ヤンニョム

  プルグック（➡P.31）…１カップ、イワシのエキス…大さじ３、イワシのジンジョッ…大さじ４、イリコの粉…大さじ２、みじん切りにしたニンニク…大さじ１、みじん切りにした生姜…小さじ1/4、唐辛子の粉…大さじ５、唐辛子の種…大さじ５、グリーンスイート…大さじ1/2

作り方

❶ チョロッムは葉とその根元の部分をよく洗った後、丸ごと塩水に入れて3時間ほど漬けます。

❷ 葉と一緒に大根が柔らかくなるまで漬かったら、ざるにあげて水気を切り、ばらばらにならないよう注意して4等分に切れ目を入れます。

❸ 器に分量のヤンニョムを入れてよく混ぜた後、塩水に漬けたチョロッムを入れ、馴染むようにさらりと和えてハンアリや容器に入れます。

❹ ヤンニョムを混ぜた器に水を入れ、ヤンニョムを洗って、その水をチョロッムに注ぎ、常温で寝かせてから食べます。また、外で1〜2日ほど置いて汁に味が出始めたら冷蔵庫で熟成させます。

1年の中でも10月から11月の間しか収穫できないチョロッムは、晩秋に漬けて次の春まで食べるキムチです。

土の気運をたっぷり吸収できるように地面に埋めたハンアリにきれいに並べて保存し、十分熟成させてから食べるのですが、大根から出た汁の一滴すら捨てがたいほど奥深く、そしてあっさり感がたまらない味です。

チョロッムは塩辛く漬けないことでさっぱりとした味を出すことができますが、塩水に漬けるときは大根の甘味が抜けないように丸ごと漬けます。このとき、手で触りすぎると青臭くなるので1回だけひっくり返します。そして切れ目の中だけにヤンニョムを入れて、全体がよく調和するように和えます。

頼もしい三人の息子はみんな結婚して各々の家庭を持ちましたが、私が世界で最もうらやましいのは娘を持った母親です。もし娘がいて「お母さん、チョロッムって何？」と聞かれたら、「チョンガクムより根の部分が大きくて、葉の色がより濃いからチョロッム（韓国語で緑色のことをチョロクと言い、ムは大根なので、緑色の大根のこと）と言うのよ。甘味のあるサクサクとした大根もおいしいけれど、葉もすごくおいしいよ。あなたのお父さんが憎たらしいときに噛むとその味がたまらないんだから」

と教えることができるのに……。「お母さん、どう漬ければおいしくなるの？」と聞かれたら、

「なぜ小ぶりのチョロッムで漬けるか知っているかい？　大根が大きいと中まで味がしみ込まないし、乳酸菌が繁殖しないから深みが出ないの。にがりを十分出した塩で漬ければ苦味が出ないし、甘味を出すために砂糖を入れる必要もないの。砂糖を使うと柔らかくなりすぎて、いやなにおいがして食べられなくなるのよ」

と答えます。想像するだけで思わず微笑むような楽しい光景です。

6

わけぎキムチ

쪽파김치

長く保存するほど
深味が出る
秋から冬にかけての
ご飯のお供と呼ばれる
全羅南道キムチ

作り方

❶ わけぎは根元の部分を切り、しおれた葉を取り除いた後、塩水に漬けます。2～3回ひっくり返しながら30分ほど漬けた後、ざるにあげて水気を切ります。

❷ 乾燥した唐辛子は斜めに切り、水で湿らせてからすり鉢に入れて、粒が粗く残るまで十分にすります。

❸ すり鉢にイリコを入れてすった後、残りのヤンニョムの材料を入れてよく混ぜます。

❹ ヤンニョムにわけぎを入れてよく和え、わけぎを2～3本ずつ掴んで葉で白い部分を巻き、ハンアリに一つ一つ入れます。すぐに食べてもいいですし、常温で1日ほど寝かせてから冷蔵庫で保管してもいいです。

材料

◆ わけぎ　500g
◆ 塩水（水1カップ、塩1/2カップ）
◆ ヤンニョム
乾燥した唐辛子…6個、イリコ…5尾、イワシのエキス…大さじ3、イワシのジンジョッ…大さじ2、唐辛子の種…大さじ2、唐辛子の粉…大さじ4、みじん切りにしたニンニク…大さじ1

長い梅雨が終わると強い日差しを浴びて、畑のわけぎがすくすくと育ちます。秋に旬を迎えるとピリッとする味と香りが増して、この時期にわけぎキムチを漬けると特別なヤンニョムをしなくても、冬の間おいしくいただけます。

特にわけぎキムチは旨味が特徴である南道の中でも逸品のキムチと言われます。香ばしいイワシのエキスを入れるからでしょう。全羅道キムチに最も多く使われるのはイワシの塩辛です。

姑が厳しい人だったので人生が何十倍も苦しかったのですが、今ゆっくりと振りかえると全ての料理の基本は誠意でした。材料に込める誠意が料理の味を決めるので、塩辛一つにも時間をかけて誠意を尽くして作らなければならないと悟りました。

南道キムチは深い旨味が特徴で、その分塩辛の使い方が重要になります。最低でも3年、5〜10年発酵させた塩辛も珍しくはありません。それを一つ一つ韓紙でこしてキムチを漬けました。そうやって誠意を込めて漬けたキムチは、熟成したときに赤みのある紫色を帯び、よりおいしく見えるのです。

すり鉢で乾燥した唐辛子をすりすぎて、今では靭帯が伸びて手術をしなくてはならないほどになりましたが、少し手間をかければよりよい味を出すことができるとわかっているので、すり鉢を出して乾燥した唐辛子をそのたびごとにすって使っています。このわけぎキムチも同じように漬けました。

粗い粒で食感を引き立てるように唐辛子を十分にすったら、天然調味料の役割を果たすイリコ、5年以上発酵させたイワシのジンジョッ、さっぱり感を出すために韓紙でこしたイワシのエキスを3対2の割合で入れます。深い香ばしさはもちろん、舌を刺激するさっぱりした味わいも長く保つように漬けています。

7

チョンガクキムチ

알타리무김치

サクサク噛む音まで
食欲をそそる冬キムチ

材料

◆ **チョンガクム**（大根の一種）
2 束（1 束は 12 ～ 15 本）

◆ **塩水**（水 5 ～ 6 カップ、塩 2/3 カップ）

◆ **ヤンニョム**
乾燥した唐辛子…10 個、イリコの粉…大さじ 2、プルグック（➡ P.31）…2 カップ、唐辛子の粉…2 カップ、イワシのジンジョッ…大さじ 2、イワシのエキス…大さじ 1、アミの塩辛…大さじ 2、みじん切りにしたニンニク…大さじ 2、みじん切りにした生姜…大さじ 1、唐辛子の種…適量

作り方

❶ チョンガクムはひげ根としおれた葉を取り除き、皮ごと洗って塩水に漬けます。ときどき上下にひっくり返しながら4～5時間漬けます。

❷ 大根が柔らかくなるまで漬かったら、ざるにあげて水気を切ります。大根が大きいものは縦に2等分にします。

❸ すり鉢に乾燥した唐辛子を適当な大きさに切って入れ、水で湿らせてから力をこめてすります。

❹ 乾燥した唐辛子をすったら、イリコの粉とアミの塩辛を入れてもう1回すります。その後プルグックなど残りのヤンニョムの材料を入れてよく混ぜます。

❺ ❹のヤンニョムに塩水に漬けたチョンガクムを入れて和えます。ハンアリに入れて屋外で寝かせた後、冷蔵庫で熟成させます。

冬の食卓に登場するチョンガクキムチは、韓国の土地で栽培される土俗大根で漬けます。身がかたく、鼻を刺激する辛さが熟成したときにサクサク感と相まって深い旨味を出します。キムチの有害菌を殺す殺菌力に優れた唐辛子の種を入れることで、乳酸菌が豊富になり年を越しても柔らかくならずサクサク感を保つことができるのです。

姑は心が広く気前がいい人でした。お盆やお正月はもちろん、普通の日でも餅に料理にキムチや漬物など、なんでも大目に作っていろいろな人にあげました。その仕事はすべて嫁の担当で、神様のような姑に口応えもできず恨んだこともありましたが、ある日、姑に負けず気前のよい自分にびっくりしました。作り始めると20～30人分は基本で、息子の嫁を合わせて10人ほどの家族なのに毎年厖大な白菜キムチを作ります。

宗家の嫁の人生は、そのほとんどがチェサとお客さまのおもてなしに費やされると言っても過言ではありません。昔ほど広い敷地の家ではありませんが、扉を開けて訪ねてくるお客さまを受け入れるのが宗家なので、常に準備をしていなければなりません。おもてなしに万全を尽くした姑の声が聞こえてくるようで、お客さまが帰る際にはなんでもいいから一つ手土産を持っていただこうといつもたっぷりキムチを準備しています。今、私は心を伝えようとキムチを漬けるために汗を流しています。特に雪が降る冬にはキムジャンの時期に漬けたサクサク感のあるチョンガクキムチを欠かさず作るのですが、実がしっかりしてピリッと辛いチョンガクキムチは、トンチミに並ぶよい贈り物の一つです。

8

ポゲジキムチ

뻐개지김치

鉛筆を削るように不規則に切って
さっぱりと漬ける
慶尚道式大根キムチ

材料

- 大根　1kg ぐらいの大根 2 本
- わけぎ（4cm）　一握り
- カラシナ（4cm）　一握り
- 塩水（水 5 カップ、塩 1/2 カップ）
- ヤンニョム
  プルグック（➡ P.31）…2 カップ、イワシのエキス…大さじ 4、アミの塩辛…大さじ 4、イリコの粉…大さじ 1、みじん切りにしたニンニク…大さじ 2、みじん切りにした生姜…少々、唐辛子の種…大さじ 2、唐辛子の粉…大さじ 5

作り方

❶ 大根は小さめのトンチミ大根を用意し、皮ごときれいに洗います。そして鉛筆を削るように不規則に切ります。

❷ 塩水に切った大根を入れ外側が柔らかくなるまで1時間ほど漬けたら、ざるにあげて水気を切ります。

❸ 器にヤンニョムを入れよく混ぜた後、わけぎとカラシナを加えて混ぜます。切った大根を入れてさらによく混ぜます。屋外に寝かせて汁に味が付いたら冷蔵庫に保管して熟成させます。

聞き慣れない名前の大根キムチ「ポゲジ」。姑は大根をポゲタ（割った）かのように大きめに切って漬けたので「ポゲジ」と呼んでいました。慶尚道式キムチで、適当に切ったということで「ピジミ」とも言います。大根を片手に持って回しながらもう一方の手で切るので、握力が必要です。お正月以降、キムジャンキムチの味が落ちてきてから食べるキムチで、見た目がとても豪快でおいしそうです。

　すり鉢に乾燥した唐辛子をすって漬けるとよりおいしくなりますが、簡単に漬けるために唐辛子の粉で和えて熟成させてから食べてもいいです。冬に豆モヤシグックと大根グック、ソルロンタンのような、汁ものと一緒に食べるとよく合います。

　キムチは毎日私たちの食卓に出て食欲をそそってくれますし、ヤンニョムが作り出す不思議な味の調和は素晴らしいものです。その不思議な味を出すためにキムチをよく漬けていたら腕が上がり、それを元手に一時は下宿も営業していました。学生たちも、わが家のキムチをとても好んで食べてくれました。それが嬉しくて様々なキムチを漬けていたのですが、ポゲジもその一つです。料理がおいしかったので、わが家の下宿は入居するには予約が必要なほど人気を博しました。

　しかし、急に体が辛くなってやめてしまいました。病院では中耳炎と診断されましたが、医者によると冷たい水に手を浸けすぎていつも風邪を引いた状態でいたために発病したとのことでした。

　手術をしなくてはならない私を見て、夫は妻をあまりにも苦労させたからだと思い悲しみました。無口な夫はそのとき妻がほんとうに大切だと思うようになったそうです。

9 ホバクケグックチ

호박게국지

カニの塩辛で漬け長く熟成させ土鍋でぐつぐつと煮て食べるチゲ用キムチ

材料

◆ ホバク（カボチャ） 500g
◆ 小ぶりの白菜 500g ぐらいのもの 2 株
◆ 塩水（水 2 カップ、塩大さじ 2）
◆ ヤンニョム
カニの塩辛…1/2 カップ、アミの塩辛…大さじ 1、みじん切りにしたニンニク…大さじ 1、唐辛子の粉…大さじ 5

作り方

❶ 白菜は下ごしらえをし、食べやすい大きさに切った後、塩水に3時間ほど漬けます。洗ってざるにあげ水気を切ります。

❷ カボチャはピーラーで皮を剝いた後、種を取り除きます。1cmの厚さになるように切ります。

❸ 器にヤンニョムを入れよく和えた後、塩水に漬けた白菜を入れかたい部分に色がしみ込むように和えます。

❹ 全体的によく和えたら、カボチャを加えてさらに和えます。そしてハンアリに入れ長く熟成させてから取り出し、チゲにして食べます。

チ

ヨンデゥンホバクという韓国産のカボチャは、普通ヌルグンカボチャ（老いたカボチャ）と呼ばれ、種が多く実がかたいのでキムチに漬けてもしっかりとした食感を保つことができます。しかし、最近のカボチャは輸入したものが多く、キムチに漬けると柔らかくなって実が崩れてしまいます。長く保存して食べるものなので、塩辛く漬けたほうが味はよくなります。薄味だとカボチャが柔らかくなって味が落ちてしまいます。

ケグックチはカニの塩辛を使ったキムチで、地方によって呼び方が違いますが、白菜や乾燥した大根の葉も貴重だった時代に、各地方で手に入れやすい食材と乾燥した大根の葉をカニの塩辛と一緒に和えてハンアリに入れ、味が付くと「テゥガリ」と呼ばれる土鍋に入れチゲにして食べたキムチです。

カニ特有のにおいが食欲をそそり、深い旨味が特徴です。芽が出ないように保管したサツマイモをたっぷり茹でて、大きな鍋いっぱいにグツグツとケグックチを入れて煮たたせると、そばに倒れた人がいても知らんぷりして食べるほどの味ができあがります。それでも物足りないときは、豚肉、サバ、サンマなどを入れると絶妙な味になります。

冬にはハンアリいっぱいに漬けておき、サツマイモやジャガイモなどを茹でて大人の間食を出す際に添えると「味がとてもいいね」と誉めてくれました。

宗家の嫁の仕事の中で重要なものの一つは、食事の合間に間食を出すことです。餅はもちろん、冷凍した柿、シッケなども欠かせませんでした。間食が準備できなかったときは、せめて餅米ご飯を出さなければなりません。そのときホバクケグックチが大いに活躍しました。

宗家の定番

名人の家庭料理

基本的にわが家の食卓はとても素朴なおかずを出します。活き活きとした生エビをたっぷり入れ、柔らかく煮た大根に、グツグツと煮たシレギ（大根の葉）チム、たまご三つで器がいっぱいになるケランチムに、さっと炒めてつくるチャプチェ（様々な野菜を入れ韓国式春雨と炒めもの）まで、いつも私たちが幼い頃に食べて育った懐かしい料理が主役です。わが家の食卓には時間が止まったかのように、かつて母が、もしくはおばあさんが食べていたような素朴な料理でいっぱいです。

1 テンジャンチゲ

된장찌개

香ばしいチョングッチャンを溶かし田舎で食べるような味

※唐辛子は韓国産唐辛子を想定した分量です。また特別な指定がないものは中粗の唐辛子を使ってください。

材料

- ◆ 豆腐　1/2 個
- ◆ エホバク（韓国カボチャ）　1/4 個
- ◆ エリンギ　1 個
- ◆ ニラ（3cm）　一握り
- ◆ 青・赤唐辛子　1 個ずつ
- ◆ ヤンニョム
  テンジャン…大さじ 2、チョングッチャン…大さじ 1、昆布だし（➡P.31）…1/2 カップ、水…2 カップ、イリコ…25 ～ 30 尾、唐辛子の粉…大さじ 1

作り方

❶ 豆腐は洗って1.5cmの角切りにし、エホバクは1cmの輪切りにしてから4等分します。

❷ エリンギは4cmの長さになるように薄切りにし、青・赤唐辛子は斜めに切り、イリコは頭と内臓を取り除きます。

❸ 土鍋にテンジャンとチョングッチャンを入れて混ぜた後、昆布だしを入れながらだまにならないように溶かします。

❹ 土鍋に水を入れ、イリコと唐辛子の粉を入れた後火にかけます。イリコの味がさっぱりと出るように灰汁を取りながら十分火にかけます。

❺ 香ばしいにおいとある程度の味が付いたら、エホバクとエリンギを入れて沸かし、しばらくしてから豆腐を入れます。最後にニラと斜めに切った青・赤唐辛子を入れます

道には落ち葉が舞い、朝夕の空気が冷たくなると、香ばしい味が無性に懐かしくなって、朝から土鍋いっぱいテンジャンチゲを作って食卓に出します。

ぐらぐらとけたたましく沸くチゲの音が気になるのか、あるいは家に広がる香ばしいにおいが気になるのか、夫は短く咳払いをしては早くもスプーンを取ってチゲをすくって口に入れ、「熱っ」と言います。熱いことをけっして知らないわけではないのに……。

熱いご飯の上に柔らかく茹でた豆の葉の漬物を載せ、熱い汁を口の中で冷ましながらご飯一膳を空にする夫を見ていると、歳を取っていくことを実感します。宗家の貴重な跡取りとして生まれたため、体によいもの、おいしいものを食べながら大切に育ったせいか、夫は味にうるさい人です。朝食にはいつもきちんと赤色、青色の唐辛子を両方入れて作ったチゲがないとご飯を食べようとしなかったのに、土鍋で素朴に作ったテンジャンチゲ一つで喜ぶようになりました。

私と同じように夫も老いていき、食卓に出すおかずもさほど格式が必要なくなったとは言え、味までおろそかにはできないので、ハンアリに行きメジュ（みそこうじ）を黄色く浮かせて漬けた古いテンジャンを持ってきます。さらに夏に汗をかきながら手間暇かけて作ったチョングッチャンをたっぷり入れて、濃くて香ばしいテンジャンチゲを作ります。頭と内臓を取ったイリコをたっぷり入れ、十分だしが出るように長く火にかけます。エホバクなどの材料を入れると、噛み応えのある香ばしくて濃いテンジャンチゲになります。

2 キムチチゲ

김치찌개

大変だった家計を
支えてくれた
殊勝でありがたい
濃厚な味

作り方

❶ キムチは根元の部分を切り取り、一口で食べやすい3〜4cmの長さに切ります。

❷ 鍋にキムチ、サラダ油とごま油、みじん切りにしたニンニク、コショウを入れて炒めた後、昆布だしと水を加えて十分火にかけます。

❸ 汁が沸く間に豚肉を食べやすい大きさに切り、ヤンニョムを入れてよく和えます。長ネギと赤唐辛子は斜めに切ります。

❹ 汁が十分煮たってキムチが柔らかくなったら、ヤンニョムした豚肉をのせ、蓋を取ったままかき混ぜずにそのまま火にかけます。

❺ 汁が沸騰して肉が白くなるまで煮たら、長ネギと赤唐辛子を載せて、少し火にかけます。

材料

◆ 白菜キムチ　1/4株
◆ 脂身のある豚肉　300g
◆ 赤唐辛子　1個
◆ 長ネギ　1/5本
◆ ヤンニョム
サラダ油…大さじ2、ごま油…大さじ1、コショウ…少々、みじん切りにしたニンニク…大さじ1、昆布だし（➡P.31）…2カップ、水…2カップ
◆ 肉用ヤンニョム
みじん切りにしたニンニク…大さじ1、みじん切りにした生姜…小さじ1/4、ごま油大さじ1/2、唐辛子の粉…大さじ1/2、コショウ…少々

羅州を発って長い歳月が過ぎました。昔のように大きな宗家の懐ではないですが、今もお客さまの足は絶えません。キムチで有名になった家にふさわしく、お客さまにはアツアツのご飯とキムチをお出しするようにしています。地面に埋めたハンアリから取り出したキムチだけの素朴な食事でも、ご飯一膳をすぐ空にしてくださり、本当にありがたいです。

　キムチがおいしければ、チゲもおいしいはず。ほどよく熟成したキムチをざくざくと切り、ごま油とサラダ油を引いて炒めます。キムチが柔らかくなるまで十分火にかけた後、脂身のある豚肉を別にヤンニョムし、鍋の中にそのまま載せてかき混ぜずに作るのが秘訣です。

　一時期事業に失敗した夫の代わりにソウルの明洞《ミョンドン》で小さな食堂を開いたことがあり、このキムチチゲとテンジャンチゲだけを売りました。大きなビルの間にあった小さなお店でしたがお客さまが並んでくれて、閉店後眠い眼をこすりながらお金を数えました。

　そうやって3年間売り続けることによって、少し大きな家を買うこともできましたが、その家も結局夫の事業が失敗して他人の手に渡ってしまいました。夫はよい言葉だけを聞き、よいものだけを見て育ったので、この世の全員が自分と同じ心を持っていると勘違いしたのでしょう。無条件に人を信じて、9回も失敗を繰り返しましたが、そのとき家族の力になったのがこのキムチチゲなのです。

　キムチチゲは長く火にかけたほうがおいしいので、汁がすぐになくならないようにするために底が厚いステンレス製の鍋で作ります。

3 ウゴジチゲ

우거지찌개

見た目は悪いが母の懐のように愛情たっぷりの
香ばしい私たちの田舎の食べ物

材料

◆ ウゴジ（白菜の外側の葉）	250g
◆ シレギ（大根の葉）	250g
◆ 昆布だし（➡ P.31）	2カップ
◆ 干したサッパ（ママカリ）	10尾
◆ 切った長ネギ	一握り
◆ 赤唐辛子	2個
◆ ヤンニョム	

テンジャン…大さじ2、コチュジャン…大さじ2、みじん切りにしたニンニク…大さじ2、コショウ…少々、クッカンジャン…大さじ2、ごま油…大さじ2、唐辛子の粉…大さじ3

作り方

❶ ウゴジとシレギは、きれいに下ごしらえして沸騰させたお湯で柔らかくなるように茹でます。そして水に一晩浸けて苦味などを除きます。

❷ 赤唐辛子は斜めに切ります。

❸ 水に浸けたウゴジとシレギを取り出し、水気を手で絞った後、ウゴジは縦に手でちぎり、ヤンニョムを入れて和えます。

❹ 鍋の底にシレギを敷いてその上にサッパを載せ、さらにウゴジを載せて昆布だしを注ぎます。

❺ 強火で一度沸かしたら中火にし、材料が柔らかくなるまで約30分間火にかけます。汁が少し減ったら赤唐辛子と長ネギを載せ、弱火で蒸らします。

夏は白菜ウゴジがおいしく、秋は大根の葉のシレギがおいしくなります。ウゴジはよく乾燥させて、少しかたいくらいが噛み応えがあっておいしいです。茹でた後、水に一晩、時間がない場合は3〜4時間浸けると苦味などを消すことができます。汁を濃くするためにはイワシより乾燥したサッパを使い、シレギなどが完全に柔らかくなるまで火にかけると本来の味を出すことができます（手に入らないのでイリコでも）。

私が幼い頃、母親は麦ご飯の上にジャガイモやサツマイモを載せて焚いたり、秋になるとキムチと一緒にかたいウゴジとシレギで作ったおかずをよく出してくれました。当時はそれが甘くて最高の贅沢でした。

花嫁の頃は広い部屋で自分で作ったものを一度も食べずに、いつも厨房で使用人の妻たちと一緒にご飯を食べました。おいしいおかずも食べることができず、酸っぱくなったキムチを集めておき、水で洗ったシレギと一緒に入れて作ったウゴジチゲ。幼い頃に母が作ってくれた味ではないのに、食べようとするとなぜか涙が出ました。

冷たい風が吹くとあの味が懐かしくなって大きな鍋いっぱいに作っておくのですが、「これは田舎の味そのものだ」と、わが家を訪れたお客さまがすべて食べてしまうので、隠しておかなければならないほどでした。今はおいしい食べ物が豊富にあるというのに、しおれたウゴジにシレギを入れて作ったものをおいしいと大騒ぎするのが理解できません。

懐かしい時代を思い出しながら、シレギを作ろうと必ず葉が付いた大根を買います。新鮮な葉は沸かしたお湯で色が鮮やかになるまで茹でた後、日差しと風通しのよい場所に置いて乾燥させます。

4 ケランチム

달걀찜

口の中いっぱい限りなく
温かくて柔らかい味

材料

- ◆ 卵　3個
- ◆ 塩　小さじ1
- ◆ 昆布だし（➡ P.31）　1/2カップ
- ◆ 切ったニラ　大さじ1

作り方

❶ 卵を割って中身を粉青沙器（陶磁器の一種）の器に入れ、塩を加えたらダマにならないよう一方向によくかき混ぜます。

❷ なめらかになった卵に昆布だしを注ぎながら、よく混ざるようにさらにかき混ぜます。

❸ ステンレス製の鍋に1/3程度の水を入れて沸かします。水が沸き始めたら卵が入った粉青沙器の器を鍋に入れ、まず器に蓋をして、さらに鍋に蓋をし、中火にかけます。

❹ 10分ほど火にかけ、卵がかたまり始めたら切ったニラを入れます。再び器と鍋に蓋をして、さらに3分ほど火にかけて器のまま出します。

コトコトという音を聞いて厨房に駆けつけると、白い煙の中で母がかまどに火をかけていました。遠くから少し吸っただけでも涙が出るほどつらい煙の中で、母はご飯を炊いているのです。湯気が立つ釜の中では、子どものお尻のように柔らかいケランチムができあがっていました。食卓に出されるや否やたっぷりすくって口に入れると、とても熱くて口の中をやけどしました。

母の心のように柔らかく温かいケランチムを、結婚した後一日も欠かさず家族の人数分を作ってクックを置いた横に添えました。そして時を経た今、夫と三人の子どものために粉青沙器の器にケランチムをたっぷり作って食卓に出します。早く食べたいのかケランチムを出すと、誰もが毎回「熱っ！」と口の中をやけどしたことなど忘れて、何も考えずスプーンですくって口に運びます。そしてまた「熱っ！」と言います。子どもはみんなそうやって育つのだそうです。

わが家ではケランチム専用の器を決めています。熱がよく伝わりお湯が沸いても動かない厚い粉青沙器の器が適しています。昆布だしを注いでなめらかに溶いた卵をステンレス製の鍋に入れて湯煎すると、孫のお尻のように柔らかくなります。色感と栄養を加えるためにニラを切ってふりかけると、昔母が狭いかまどで作ってくれた味そのものになります。

ステンレス製の鍋で湯煎にかけるとき、必ず器の蓋を閉めて沸かさないとお湯が器に入ってしまい、なめらかなケランチムになりません。卵に火が通ったかどうかは十分沸かした後、ケランチムを箸で刺してみて濁っていない水が少し出れば、中まできちんと火が通った証拠です。

5 雑魚の和え物

コチュジャンとテンジャンで
さわやかに和えて食べる定番おかず

멸치된장무침・멸치고추장무침

■テンジャンを使った雑魚の和え物

材料

◆ 雑魚　100g
◆ 切ったニラ　大さじ1
◆ ゴマ　大さじ1
◆ ヤンニョム
テンジャン…大さじ1/2、昆布だし（➡P.31）…大さじ2、唐辛子の粉…大さじ1、みじん切りにしたニンニク…大さじ1/2、砂糖…大さじ1、ごま油…大さじ1

作り方

❶ 雑魚は頭と内臓を取り除きます。

❷ 器でごま油以外のヤンニョムを固まらないようによく混ぜます。

❸ ヤンニョムに下ごしらえした雑魚を入れてよく和えた後、ニラとゴマを入れてさらに和えます。最後にごま油をかけて混ぜます。

■コチュジャンを使った雑魚の和え物

材料

◆ 雑魚　100g
◆ 切ったニラ　大さじ1
◆ ヤンニョム
コチュジャン…大さじ2、昆布だし（➡P.31）…大さじ1、みじん切りにしたニンニク…大さじ1/2、砂糖…大さじ2、ごま油…大さじ1/2、ゴマ…大さじ1

作り方

❶ 雑魚は頭と内臓を取り除きます。

❷ 器にコチュジャンと昆布だし、みじん切りにしたニンニク、砂糖を入れ、固まらないようによく混ぜてヤンニョムを作ります。

❸ ヤンニョムに下ごしらえした雑魚を入れよく和えた後、ニラとゴマを入れてさらに和えます。最後にごま油をかけて混ぜます。

わが家では自然の力を借りて、長く待たなければ本来の味を出すことができない料理を楽しみます。基本のおかずも同じです。

4月～5月になると、毎年雑魚の内臓と頭を取り除きます。1年中食べるために、この下ごしらえをしておくのですが、手伝ってくれる娘もいないので1人で2kgのボックス60～70個分の雑魚の頭と内臓を取り除きます。この時期には家中に雑魚のにおいが充満し、外に出ても雑魚のにおいがするような気がして一人でくんくんと嗅いだりします。

一般の家で使うにはすさまじい量の下ごしらえをした雑魚は、キムチを漬けるときも細かくすって入れるし、テンジャングックやチョングッチャンチゲを作るときもたっぷり入れるなど、あらゆる面で活躍します。

わが家の雑魚のおかずは、油で炒めずにコチュジャンヤンニョムとテンジャンヤンニョムで和えて食べます。油で炒めると雑魚がかたくなり、油のにおいがついてあっさりした味にならないので、家族全員が好みません。

コチュジャンを使った雑魚の和え物はピリ辛でおいしく、定番のおかずになります。テンジャンを使った雑魚の和え物はコチュジャンを使ったものとは違い、香ばしくて塩辛い味がたまりません。雑魚とテンジャンの相性が意外とよいので、実においしいのです。

この二つの基本のおかずは、1回か2回の食事で食べきる量だけを作ります。その都度食欲をそそってくれるわが家の定番おかずです。

雑魚の頭がもったいないからとだしを取る主婦がいますが、苦味が少し出てしまいます。したがって食べ物を探してぶらぶらしている野良猫に譲ります。

6

唐辛子の漬物の和え物

고추장아찌무침

歳月と自然が
味を作り出す
ピリッと辛くて
素朴な定番おかず

作り方

❶ 黄色く発酵した唐辛子はヘタを2cmほど残してはさみで切ります。

❷ 器にヤンニョムの材料をすべて入れ、よく混ぜます。

❸ 皿に発酵した唐辛子を盛り、混ぜたヤンニョムを万遍なくかけます。

材料

◆ 発酵した唐辛子　20個

◆ ヤンニョム

昆布だし（➡ P.31）…大さじ4、クッカンジャン…大さじ1、チンカンジャン（濃いしょう油）…大さじ2、砂糖…大さじ1/2、みじん切りにしたニンニク…大さじ1/2、切ったニラ…小さじ1、みじん切りにした赤唐辛子…小さじ1、ゴマ…大さじ1、唐辛子の粉…大さじ1、ゴマ油…大さじ1

夏の暑さと戦っていると食欲がどこかに逃げてしまい、何も考えることができなくなります。そんなときはピリッと舌を刺激する味で食欲をそそる素朴な定番おかずを思い出します。小さめの辛い唐辛子を選び、つけ汁につけて黄色く発酵させ、様々なヤンニョムをして和えたのが唐辛子の漬物の和え物です。

　夏の市場で旬を迎えた安い唐辛子を見つけたら1kgほど買い、洗って唐辛子をネットに入れてハンアリに入れます。そして水10カップに塩1・5カップを入れてつけ汁を作り、ハンアリに注ぎます。ネットが浮かないように石で押さえて色が黄色く変わるまでおきます。太陽と風が行ったり来たりする間に歳月と自然が味を作り出して、おいしい発酵した唐辛子が完成します。

　こうやって発酵させた唐辛子は様々なヤンニョムをした後、湯漬け一口と一緒に食べると夏バテを忘れてしまいます。料理はその都度作って食べたほうがおいしいので、食べるたびに20個ほど唐辛子を出してヤンニョムをします。

　手間を省くためにヤンニョムを多めに作っておこうとすると、ヤンニョムに入れたごま油が時間が経っていやなにおいを出します。おいしいものを食べるためには勤勉にならなければいけないのです。簡単で素朴なおかずでも誠意を尽くすと、お金を出しても食べることのできない料理になります。

　発酵した唐辛子はトンチミを漬けるときに4〜5個浮かすと、汁の味がピリ辛になってあっさり感が加わります。それだけではなく、切ってヤンニョムしたものをカルグクスの上に載せて食べたり、マンドゥ（韓国式餃子）を作るときに細かく切って入れたりすると辛味が出てとてもおいしくなります。

7

ポムドンチヂミ

봄동전

春！春！春の知らせを
いっぱい盛り込んで
食欲を取り戻す
春を迎えるチヂミ

材料

◆ ポムドン（白菜の一種）　3株
◆ 乾燥したエビ　15g
◆ 昆布だし（➡P.31）　大さじ3
◆ 塩　少々
◆ 生地
小麦粉…大さじ5、もち米粉…大さじ5、昆布だし…1/2カップ

作り方

❶ ポムドンは小さい葉を選んで1枚ずつ葉が取れるように根元の部分を切り、ゆすりながら洗います。

❷ 鍋にお湯を沸かして塩を少し加えたらポムドンを入れます。柔らかくなる程度にさっと茹で、素早くざるにあげて冷まし、水気を切ります。

❸ 乾燥したエビをみじん切りにした後、昆布だしを入れて混ぜます。柔らかくなるまでふやかします。

❹ 器に小麦粉ともち米粉、ふやかしたエビ、塩を少し入れて混ぜます。そして昆布だしを注ぎながら生地を作ります。

❺ フライパンにサラダ油を少し引き、ポムドンを葉と葉が向かい合うように2枚ずつ並べて載せたら、その上にスプーンで生地を載せます。

❻ 裏面がきつね色になったらポムドンをひっくり返し、反対側にも生地を載せてきつね色になったらまたひっくり返します。

退屈な冬が過ぎて日差しが暖かくなると、サクサクとして爽やかな味が恋しくなります。初春に地面から顔を出す若い野菜はどれも「薬」だと言います。長い冬を乗り越えて芽を出す自然の力がしみ込んでいるからでしょうか。

　春には何より香ばしくて甘味のあるポムドンが最高です。冷たい冬の風にさらされて露地で不規則に葉を広げて育ったポムドン。秋の白菜より少し葉が厚めですが、春は最もおいしい時期です。ポムドンは葉が大きすぎず中が黄色いものが香ばしくて甘い証拠です。沸騰したお湯に塩を少し入れて青くなるまで茹でた後、素早くざるに広げて冷まします。さっと茹でたほうが柔らかくておいしくなります。

　ポムドンを買い物かごいっぱいに買って来て、浅漬け（36ページ）にしたり、生でご飯を包んで食べたり、テンジャングックに入れたりすると、食欲が増して強壮剤は必要ありません。ポムドンで、乾燥したエビを入れたきつね色のチヂミを作ります。サクサクと噛み応えのあるポムドンの味も楽しめますし、エビの独特な旨味がさらに味を豊かにします。

　同量のもち米粉と小麦粉を混ぜて作るので、もちもちとした食感もたまりません。ご飯を食べ終わってお腹がいっぱい。もう何も食べられないと言った夫でさえ、お腹が空いていたら一体どれだけ食べるのかと思うほどたくさん食べます。

　大きな帽子をかぶり花柄の服を着て、誰もが訪れる鎮海《チネ》（慶尚南道昌原市の区）の花見にも行くことができない今は、青くて甘く噛み応えのあるおいしいポムドンを買ってきて春を迎えます。

8 チャプチェ

잡채

鍋一つでさっと作って
祝宴のように楽しむ

材料

◆ タンミョン（春雨）　200g
◆ もどしたシイタケ　3個
◆ もどしたキクラゲ　3個
◆ 玉ねぎ　1/2個
◆ エホバク　1/4個
◆ ニンジン　1/4個
◆ エリンギ　1個
◆ ニラ　1/4束
◆ 青・赤唐辛子　1個ずつ
◆ ホウレンソウ　一握り
◆ ゴマ油　大さじ1
◆ ゴマ　適量
◆ 全体のヤンニョム
昆布だし（➡P.31）…2カップ、サラダ油…大さじ3、みじん切りにしたニンニク…大さじ1、蜂蜜…大さじ3、砂糖…大さじ1、チンカンジャン…大さじ3、クッカンジャン…大さじ1、コショウ…少々
◆ シイタケのヤンニョム
チンカンジャン…大さじ1、みじん切りにしたニンニク…大さじ1/2、ゴマ油…大さじ1、コショウ…少々、砂糖…少々

作り方

❶ タンミョンはぬるま温に入れて柔らかくもどし、玉ねぎは薄切りにし、エホバクは薄く切ってさらに半分に切ります。
❷ ニンジンは3cmの細切りに、エリンギも4cmの細切りにし、ニラは4cmの長さに切ります。青・赤唐辛子は種を除き3cmの長さに細切りにします。ホウレンソウは下ごしらえをし洗います。
❸ 水に入れ柔らかくもどしたシイタケとキクラゲは水気を絞った後、シイタケは薄切り、キクラゲは食べやすくちぎりヤンニョムと和えます。
❹ 底が深い鍋に全体のヤンニョムを入れて火にかけた後、もどしたタンミョンを入れて炒めます。汁が減りタンミョンが柔らかくなったら、その他の材料を入れてよく混ぜながら炒めます。
❺ タンミョンと野菜がよく合わさって汁がほとんどなくなったらゴマ油をかけ、ゴマをたっぷりふりかければ完成です。

祝宴に欠かせない料理を選ぶとしたら、私はチャプチェをあげます。チャプチェは「さまざまな野菜を混ぜる」という意味で、ホウレンソウ、シイタケ、ニンジン、玉ねぎなどを炒めて和えるスクチェという料理では、はじめはタンミョンを入れず野菜だけを和えて宮中の行事で楽しんでいたと伝えられています。

見た目も味も、華麗な献立として全羅道の食卓にチャプチェはもってこいです。しかし、チャプチェは入れる材料も多く、それぞれ別々に炒めてから和えるので手間がかかりますが、料理上手な姑が教えてくれた羅氏宗家のチャプチェは、その手間を一気に省きます。お客さまが絶えず、行事も多い宗家では、チャプチェは1日おきに作る日常的な料理でしたので、材料の準備はしかたないとしても、作り方だけでもより簡単にしたのだと思います。

料理は時代によって発展し変化するのは当然です。それは調理する環境や道具、材料などが変わるためですが、伝統の味と風味を維持しつつ作り方がより簡単になれば、大切な伝統料理が毎日食卓に出され、その味が後代にも継承されるはずです。

様々な材料が相まって五感すべてで楽しめるチャプチェ。味と色、食感はこれまでのチャプチェと同じで、むしろ保存しておいて食べても麺が伸びず、足が速いわけでもありません。インスタントラーメンを作るのと同じくらい簡単にさっと作り、ゴマをふって出せば毎日が祝宴です。

タンミョンは茹でずに水で十分もどせば、調理するときに水の吸収も少なく早く柔らかくなります。材料の野菜は生でも食べられるので、炒めすぎると柔らかくなって食感が落ちます。

9

大根とエビの煮物

무새우조림

あっさりとして甘く口に広がる
王様の食事にも劣らない秋の味

材料

- ◆ 大根　600g
- ◆ 生エビ　1カップ
- ◆ 斜めに切った長ネギ　1/2本
- ◆ みじん切りにした青・赤唐辛子　少々
- ◆ ヤンニョム

クッカンジャン…大さじ2、唐辛子の粉…大さじ2、昆布だし（➡P.31）…1・1/2カップ、みじん切りにしたニンニク…大さじ1、みじん切りにした生姜…小さじ1/4、コショウ…少々

作り方

❶ 大根は皮ごと洗って2等分した後、四角く薄切りにして鍋に敷きます。

❷ 生エビは水でゆするように洗った後、ざるにあげて水気を切ります。そして大根の上に載せます。

❸ ヤンニョムを作り大根の上に万遍なく塗って火にかけます。最初は強火にし、一度沸き上がったら中火にします。

❹ 汁が十分に沸いて全体的に味が付いたら、長ネギと青・赤唐辛子を載せ、さらにひと煮立ちさせます。

生エビをたっぷり入れて作る大根とエビの煮物は、晩秋に味わうことができる珍味の中の珍味と言えます。大根の中まで十分火が通り、スプーンで押すと簡単に崩れるほど柔らかく煮ないといけないので、汁が吹きこぼれないように大きめの鍋で作りましょう。強火で沸騰させてから、中火で徐々に柔らかくすると本来の味を楽しむことができます。

　私の母や祖母が家族と一緒に長い間食べ続けてきた料理が好きなので、わが家の食卓はいつも田舎のおかずでいっぱいです。息子三人を育てる間、ありふれたソーセージのおかずは一度も作ったことがありません。子どもたちが中・高校生の時代にも、お弁当にはキムブガクに牛肉のしょう油煮、魚卵、ヤンニョムムール貝、豆炒め、ナムル、キムチなどを入れました。

　近ごろの子どもたちにとっては初めて見る料理ばかりで恥ずかしいと、ソーセージのおかずをねだったりもしましたが、私は聞く耳を持ちませんでした。でも同じお腹から生まれた子どもでも反応がそれぞれ違い、おばあさんの手で長男として正しく教育された長男はねだることはあっても、料理を作れば黙々と食べました。社交的で器用な次男は自分が食べたいものを持ってきた友達と交換したり、やさしくて愛嬌のある三男はどう食べたかを一切話しませんでした。そうやって田舎のおかずに文句を言っていた子どもたちは、いつの間にか成長して、冷たい風が吹く秋になると「母さん、エビを入れた大根の煮物は作らないの？」「母さん、今頃魚卵食べる時期でしょう？」「母さん、キムブガク、たくさん作って」「母さん、秋にはフユアオイのクック食べないと」「母さん、干し柿もうないんだけど」と私より騒ぐのです。

10 エホバクとエゴマのタン

애호박들깨탕

柔らかくて
香ばしい味と香りに
口は楽しく
体の中から温まる

作り方

❶ エホバクは洗って縦に半分に切った後、半月のように薄く切ります。
❷ 玉ねぎは薄切りにし、青・赤唐辛子は輪切りにします。
❸ 鍋に昆布だしと水を注ぎ、乾燥したエビを入れて沸かします。
❹ 汁が一度沸騰したら、クッカンジャンを入れ塩で味を整えます。そしてエホバクと玉ねぎ、青・赤唐辛子を入れます。
❺ エゴマの粉は同量の水を注いで溶かした後、❹の汁に加え、ひと煮立ちさせます。

材料

◆ エホバク	1/2 個
◆ 玉ねぎ	1/3 個
◆ 青・赤唐辛子	1/3 個ずつ
◆ 昆布だし	1 カップ
◆ 水	2 カップ
◆ 乾燥したエビ	一握り (50g)
◆ クッカンジャン	大さじ 1
◆ エゴマの粉	大さじ 3

姑はやっと授かった息子に体にいいもの、おいしいものだけを食べさせて大切に育てました。私の辛い料理教育も、結局息子のためではなかったかと思います。だから夫の口はとても厳しく、おいしくないものには手も付けません。

　キムチも熟成し過ぎたものは目もくれず、食事のたびに新しくヤンニョムに和えたものだけ食べます。その口に合わせるために材料の選択から下ごしらえと細かいところまで注意して料理をしているうちに自然と腕も上達し、ノウハウもできたので、夫を料理の師匠と呼びたいのです。

　特にゴマやゴマ油など香ばしいものが好きな夫のために、冬にはエホバクとエゴマの粉のタン（湯）を作ります。アツアツの汁と一緒に体にいいエゴマを食べる一品で、エゴマの粉と相性がいい乾燥したエビを入れ、一度だしを取ります。野菜は火にかけすぎると柔らかくなるので、汁が一度沸騰してから入れます。エゴマの粉の香ばしい味と香りを引き立たせるために、みじん切りのニンニクとゴマ油は入れません。

　エゴマが体にいいことはもちろん、その味は魔法の粉とでも言えばよいでしょうか。薄味の料理でも、エゴマの粉が入ると味が１８０度変わります。ムグンジ（長く熟成したキムチ）を洗って炒めるときや、サツマイモの茎を炒めるときにスプーン１杯、そしてずいき、ワラビ、ふきのとう、豆腐などに入れるだけで深味が出てより高級な味になります。クックやチゲを作るときも柔らかい味に仕上げてくれますので、万能ヤンニョムとも言えます。ただし、長く置いておくと味と香りがなくなり、油のいやなにおいがしますので、まめに作らなければいけません。

11 ホウレンソウグック

시금치국

万物が蘇生する
春に食べると
香ばしくて
甘い味が最高

作り方

❶ ホウレンソウは根元を切り、しおれた葉などを取り、洗ってざるにあげ水気を切ります。
❷ 鍋に昆布だしを注ぎ、こし器でテンジャンをこした後、唐辛子の粉を入れて火にかけます。
❸ ❷の汁が沸き始めたらホウレンソウを入れて沸騰させます。火を弱めてホウレンソウがしんなりするくらいになったら、わけぎと赤唐辛子を入れて沸かします。

材料

◆ ホウレンソウ　200g
◆ わけぎ（3cm）　1/2握り
◆ 斜めに切った赤唐辛子　2個
◆ ヤンニョム
昆布だし（➡P.31）…5カップ、テンジャン…大さじ1、唐辛子の粉…小さじ1

冬に力をたくわえて、さらに土の気運と日差しを吸収して育つ春のホウレンソウを見ていると、ポパイのように気力がもりもりと湧き上がってくるような気がします。歳の差があまりない三人の息子が幼かった頃は、体にいいと言われているホウレンソウをたくさん食べさせるためにポパイの話をよくしました。それほどホウレンソウは体にいい野菜として私たちに馴染み深いものです。

1年中出まわる野菜ですが、春の気運を吸収して青く育った春ホウレンソウが香ばしくて甘みもあり最高です。唐辛子の粉をふりかけてからイワシのエキスを加えてさっと和えても、あるいは香ばしいテンジャンをこしてクックに加えてもおいしくいただけます。

ホウレンソウは安くて栄養価も高いので、頻繁に食卓に並ぶ野菜です。甘くておいしい春には主に浅漬けにして食べて、旬を過ぎてからは、テンジャンをたっぷりこして柔らかく茹でたホウレンソウテンジャンクックを食卓に出します。ホウレンソウ一つでしあわせな気分になり、婿に食べさせないようにカギをかけて食べると言われる冬葵のクックよりもおいしいような気がします。夏になってホウレンソウがかたくなると同様にテンジャンクックにしますが、やはり冬葵のクックと同じくおいしいです。

さっぱりした味にしたいときはテンジャンをこし器でこして豆粒が入らないようにします。豆の栄養素がもったいないと思ったときは、入れても問題ありません。ホウレンソウから出た甘味をそのまま楽しむためにニンニクは入れないほうがよく、ホウレンソウがしんなりするまで沸かしたほうがおいしくなります。

旧暦1月15日に食すナムル料理

一年の健康を願う心が
たくさんつまった自然の味

韓国では旧暦の1月15日（テボルム・名節）に、五穀米ご飯と9種類のナムルを食べる習慣があります。この料理を準備していると、先祖の知恵がどれほど素晴らしくて大切なのかがわかります。カボチャの切干し、ワラビ、大根の葉シレギ、サルナシの芽、オタカラコウのナムル、タケノコナムルなど、野菜を手に入れることが難しかった冬に備えて、春から秋まで旬の野菜を保存したものを、テボルムという節句に食します。冬の間不足していたビタミンやミネラルなどを補充し、失った食欲を取り戻すことができます。

1 モヤシナムル

숙주나물

サクサクと噛み応えを楽しむ

モヤシはリョクトウの芽を咲かせ育てたもので、塩で味をつけると色もきれいで味もさっぱりします。柔らかくなりすぎるとサクサク感がなくなるので、食感を楽しめるようにさっと茹でて素早く水をかけて冷まします。

材料

- ◆ モヤシ　300g
- ◆ 粗塩　小さじ1
- ◆ ヤンニョム

みじん切りにしたニンニク…大さじ1、塩…小さじ1、ゴマ油…大さじ1、みじん切りにした長ネギ…小さじ1、糸唐辛子…少々、ゴマ…大さじ1

作り方

❶ モヤシは太めのものを選び水で揺すりながら洗ったら、ざるにあげて水気を切ります。

❷ 鍋に水と塩を入れ沸騰させた後モヤシを入れ、上下をひっくり返しながらサクサク感が残るようにさっと茹でてざるにあげます。素早く水をかけて冷まします。

❸ モヤシが冷めたら水気を絞り、みじん切りにしたニンニクと塩を入れ、よく和えながら塩加減を整えた後、ゴマ油とみじん切りにした長ネギを入れて和えます。皿に盛り、糸唐辛子とゴマを載せます。

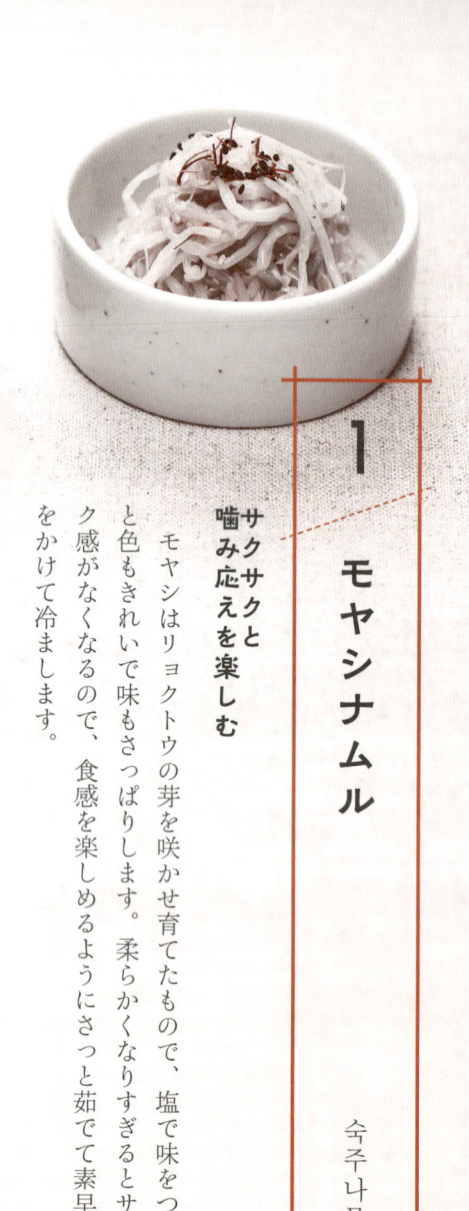

2 オタカラコウのナムル

취나물

苦味を楽しむ春の味

オタカラコウは春の旬の時季に、沸騰させたお湯で茹でてから乾燥させたナムルで、長く茹でると柔らかくなってしまうので、水が沸き始めてから5分ほど茹でます。また、とぎ汁に浸けると黒い色が抜けて、まろやかな味が引き立ちます。柔らかくなるように炒めるとおいしくなります。

材料

- ◆ ふやかしたオタカラコウ（山菜）　500g
  （乾燥したオタカラコウ 200g）
- ◆ とぎ汁　適量
- ◆ みじん切りにした長ネギ　大さじ1
- ◆ ゴマ油　大さじ1
- ◆ ゴマ　少々
- ◆ ヤンニョム
  昆布だし（➡ P.31）…1/2カップ、クッカンジャン…大さじ2、みじん切りにしたニンニク…大さじ1、サラダ油もしくはエゴマ油…大さじ1

作り方

❶ 鍋にオタカラコウを入れ、ひたひたになるように水を注ぎ沸かします。水が沸き始めて5分ほどしたら取り出して、水で洗います。

❷ 洗ったオタカラコウはとぎ汁に30分程度浸けた後に水気を絞り、大きいものは2～3等分に切ります。

❸ 鍋にオタカラコウとヤンニョムを入れよく和えた後、箸で散らすように炒め、みじん切りの長ネギとゴマ油を入れます。長ネギが透き通ったら火を止め、皿に盛ってゴマをふります。

3 タケノコナムル

죽순나물

1年を待った末に味わう

新春にひょっこりと顔を出すタケノコを、風通しがいい場所で陰干しし、完全に乾燥させたら保存し、次のデボルムのときにタケノコナムルとして食べます。エゴマの粉を入れるとタケノコが固くなってしまうので、昆布だしを入てれみずみずしく炒めると柔らかく味もよくなります。

材料

- ◆ もどしたタケノコ　300g
  (乾燥したタケノコ 200g)
- ◆ サラダ油　適量
- ◆ ヤンニョム
  クッカンジャン…大さじ 2、みじん切りにしたニンニク…大さじ 1、みじん切りにした長ネギ…大さじ 1、エゴマの粉…大さじ 2、昆布だし(➡P.31)…大さじ 3、ゴマ…少々

作り方

❶ タケノコは沸かしたお湯で20分ほど茹で、柔らかくなったら水で洗い水気を絞ります。

❷ フライパンにサラダ油を少し引いた後、もどしたタケノコを入れて炒めます。全体的に温まったらヤンニョムの中のクッカンジャン、みじん切りにしたニンニクとみじん切りにした長ネギはそれぞれ半分ずつ加え、かき混ぜながら炒めます。

❸ 全体的に艶が出てきたらエゴマの粉を入れてよく混ぜながら炒め、残りのみじん切りにしたニンニク、みじん切りにした長ネギと昆布だしを入れた後、さらに艶が出るように炒めてゴマを万遍なくふりかけます。

4

シイタケナムル

표고버섯나물

上品な味と香りが口に広がる

シイタケナムルは生のシイタケを使うより、乾燥したものをもどしたほうが香りがよく、もちもちとしておいしくなります。傘の表面が黄色いものが天然ものの証拠です。早くもどそうとして砂糖を溶かした水を使うと、香りがなくなります。強火で素早く炒めたほうがおいしくなります。取り出した軸は細切りにしてテンジャンチゲなどに入れます。

材料

- ◆ もどしたシイタケ 300g
  （乾燥したシイタケ 150g）
- ◆ エゴマ油 大さじ1
- ◆ みじん切りにした長ネギ 少々
- ◆ ゴマ 少々
- ◆ ヤンニョム
  クッカンジャン…大さじ1、みじん切りにしたニンニク…大さじ1、エゴマの粉…大さじ1

作り方

❶ シイタケは乾燥したものを用意し、ひたひたの水を注いで柔らかくなるようにもどした後、水気を絞ります。

❷ かたい部分を切り取り、薄く切った後、ヤンニョムを入れて和えます。

❸ 温めたフライパンにエゴマ油を引き、ヤンニョムしたシイタケを入れた後、よくかき混ぜながら炒めます。そしてみじん切りにした長ネギとゴマを載せます。

5

ワラビナムル

고사리나물

こりこりと噛むほど香ばしい定番ナムル

ワラビの若いものを収穫して乾燥させたワラビナムルは、節句や祝宴、チェサに欠かせない定番ナムルの一つです。水に浸けて十分もどした後、茹ですぎると形が崩れてしまうので、やや太くなる程度に茹でます。炒めるときは昆布だしを入れて蓋を閉めた後、汁が減るまで火にかけると柔らかくて香りがよくなります。

材料

- もどしたワラビ　300g
  (乾燥したワラビ 150g)
- サラダ油　少々
- 昆布だし（➡ P.31）　大さじ 1/2
- みじん切りにした長ネギ　少々
- ゴマ　少々
- ヤンニョム
  クッカンジャン…大さじ 2、みじん切りにしたニンニク…少々、ゴマ油…大さじ1、サラダ油…大さじ 2

作り方

❶ 乾燥したワラビがひたひたになるまで水を注ぎ、半日ほどかけてもどした後、そのまま火にかけて柔らかくなるまで茹で、そのまま冷まします。

❷ 冷ましたワラビは水がきれいになるまで2〜3回洗った後、かたい部分を切り食べやすい大きさに切って水気を絞ります。

❸ ヤンニョムを作り、茹でたワラビを加えてよく和えた後、フライパンにサラダ油を引いて炒めます。

❹ ヤンニョムとよく合わさったら昆布だしを加え、蓋をします。水気が少しなくなるまで火にかけた後、みじん切りにした長ネギとゴマを入れよく混ぜます。

山奥の自然の味がたっぷりのナムル

江原道太白山で自生するコンドゥレナムルは、独特な香りと淡白でまろやかな味が特徴です。味と香りが逃げないようにもどした水で茹で、またその水に浸けたまま冷ましてから洗います。ヤンニョムして炒めた後ナムルとして食べてもいいですし、ご飯を炊くときに上に載せコンドゥレご飯にしても珍味です。

6 コンドゥレナムル

곤드레나물

材料

◆ もどしたコンドゥレ（チョウセンヤナギアザミ）　300g（乾燥したコンドゥレ 150g）

◆ サラダ油　適量

◆ ヤンニョム

クッカンジャン…大さじ 2、ゴマ油…大さじ 1、ゴマ…大さじ 1、みじん切りにしたニンニク…少々、みじん切りにしたわけぎ…少々、エゴマの粉…大さじ 1/2、エゴマ油…少々

作り方

❶ 乾燥したコンドゥレは水に4～5時間浸けてかたい部分がなくなるようにもどした後、そのまま茹でます。

❷ コンドゥレが柔らかくなったら火を消して、そのまま4時間ほど置きます。そして洗い流して水気を絞り、長いものは短く切ります。

❸ ヤンニョムを作り、もどしたコンドゥレを入れ、よく和えます。

❹ フライパンにサラダ油を引き、ヤンニョムしたコンドゥレを加えて箸でよくかき混ぜながら炒めます。

7 ホバクゴジナムル

호박고지나물

こりこりと噛むほど香ばしい

形が一定で種が少ないエホバクを薄く切り、ざるに重ならないように載せて風通しのよいところで陰干ししながら表と裏をひっくり返して乾燥させたものを使います。水でもどすと量が2倍になるので、量の調節が必要です。汁がないヤンニョムなので強火で炒めると焦げてしまうので弱火か中火でいためます。最後に昆布だしを入れて炒めると柔らかくておいしくなります。

材料

- ◆ もどしたホバクゴジ　300g
  （乾燥したホバクゴジ 150g）
- ◆ 昆布だし（➡ P.31）　1/2 カップ
- ◆ みじん切りにした長ネギ　大さじ 1/2
- ◆ ゴマ油　小さじ 1
- ◆ ヤンニョム
  クッカンジャン…大さじ 2、ゴマ塩…大さじ 1、エゴマ油…大さじ 1、みじん切りにしたニンニク…大さじ 1、みじん切りにした生姜…小さじ 1

作り方

❶ ホバクゴジは乾燥したものを水に1時間ほど浸けて柔らかくなるまでもどした後、ざるにあげて水気を絞ります。

❷ ヤンニョムを全て器に入れてよく混ぜ、もどしたホバクゴジを入れ和えた後、フライパンで弱めの中火で炒めます。

❸ ヤンニョムがよく合わさったら昆布だしを入れしっとりとするまで炒めます。最後にみじん切りにした長ネギを入れてゴマ油をかけます。

8 ホウレンソウナムル

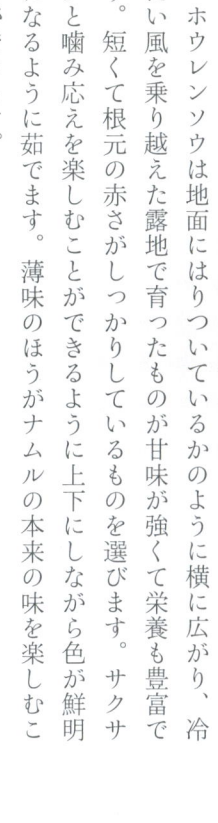

시금치나물

噛むほど香ばしくて甘味が広がる

ホウレンソウは地面にはりついているかのように横に広がり、冷たい風を乗り越えた露地で育ったものが甘味が強くて栄養も豊富です。短くて根元の赤さがしっかりしているものを選びます。サクサクと噛み応えを楽しむことができるように上下にしながら色が鮮明になるように茹でます。薄味のほうがナムルの本来の味を楽しむことができます。

材料

- ◆ ホウレンソウ 200g
- ◆ 塩 少々
- ◆ ヤンニョム

クッカンジャン…大さじ 2、ゴマ塩…大さじ 1、みじん切りにしたニンニク…大さじ 1、みじん切りにした長ネギ…少々

作り方

❶ ホウレンソウは短くて根元が赤いものを用意し、根元を切ったら束が多いものは半分に切るなどして下ごしらえし、洗います。

❷ 沸騰したお湯に塩を少し加えてホウレンソウを入れ、鮮やかな緑になるまで茹でてざるにあげた後、素早く水をかけて冷まします。

❸ 少し冷ましたホウレンソウは水気を絞り、ヤンニョムを入れて和えます。

9 大根ナムル

무나물

甘くて淡白でまろやかな味

大根ナムルは炒める過程で水分が抜けて柔らかくなるので、太めの細切りにすると形が崩れず出来上がりがきれいになります。また、白色を引き立てると、美しくおいしそうに見えます。ゴマ油を入れると黄色くなってしまうので入れません。白色を引き立てるならゴマを、対比する色感を引き立てるなら黒ゴマをふります。

材料

- ◆ 大根　400g
- ◆ サラダ油　適量
- ◆ 糸唐辛子　少々
- ◆ ゴマもしくは黒ゴマ　大さじ1
- ◆ ヤンニョム
  塩小さじ…1/2、みじん切りにしたニンニク…大さじ1、みじん切りにした生姜…少々、みじん切りにした長ネギ（青い部分）…少々

作り方

❶ 大根は皮ごときれいに洗い、少し太めの細切りにします。

❷ フライパンにサラダ油を引き大根を入れた後、塩で味を整えて中火で炒めます。

❸ 大根から水分が出てきたら、そのまま汁を飛ばすよう炒めた後、みじん切りのニンニクと生姜、長ネギを入れてさらに炒めます。

❹ 味を確認し、塩気が足りないようなら塩で味を整えます。ゴマや黒ゴマ、糸唐辛子などを上に載せます。

10 チョンテ炒め

청태볶음

深い海の味と香りを抱く

チョンテは鬱陵島《ウルルンド》などの深い海に生殖するアオノリと形が似ている海藻類で、海苔や甘苔とも呼びます。海の香りをいっぱい含んだ香ばしさと旨味がたまりません。よく乾燥したものを異物などを取り除いて下ごしらえし、青色を帯びるようさっと炒めると絶妙な味に仕上がります。酢を入れると色が黄色くなるので注意しましょう。

材料

- ◆ チョンテ（アオノリの一種を乾燥させたもの）　20g
- ◆ 切ったわけぎ　少々
- ◆ みじん切りにした赤唐辛子　少々
- ◆ ゴマ　大さじ1
- ◆ ヤンニョム
  クッカンジャン…大さじ1、チンカンジャン…大さじ1、昆布だし（➡P.31）…大さじ3、ゴマ油…大さじ1、みじん切りにしたニンニク…大さじ1

作り方

❶ チョンテは乾燥した状態で異物などを取り除きながら食べやすい大きさにちぎります。

❷ 水気のないフライパンに下ごしらえしたチョンテを入れ、青色が鮮明になり生臭くならないようにさっと炒めます。

❸ ヤンニョムを作りよく混ぜた後、❷のチョンテを加えてよく合わさるように和えます。

❹ ヤンニョムがしみ込んだら切ったわけぎとみじん切りにした赤唐辛子、ゴマをふりかけます。

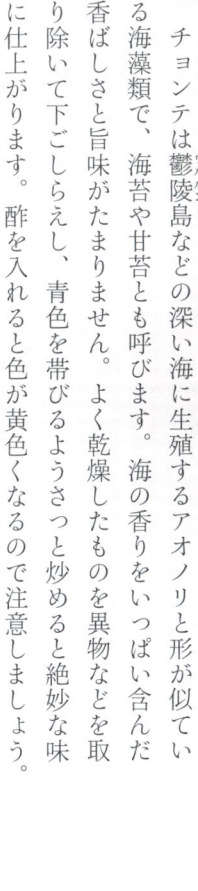

11

サツマイモの茎ナムル

고구마줄기나물

噛み応えがあり噛むほどに旨味が出る

サツマイモの茎は新鮮な茎を柔らかく茹でてから陰干しして完全に乾燥させたもので、噛み応えが重要です。水に1時間ほど浸けてもどした後、沸騰させたお湯で茹でます。そして洗ったときに使った水に2時間浸けて雑味を消すと味もよくなりますし、シコシコとした噛み応えもよくなります。

材料

◆ もどしたサツマイモの茎　300g
（乾燥したサツマイモの茎 150g）
◆ サラダ油　大さじ2
◆ 昆布だし（➡ P.31）　1カップ
◆ エゴマの粉　1/2カップ
◆ みじん切りにした赤唐辛子　少々
◆ ヤンニョム
クッカンジャン…大さじ1、みじん切りにしたニンニク…大さじ1、乾燥したエビ…1/3カップ

作り方

❶ 乾燥したサツマイモの茎は水に1時間ほど浸けて、柔らかくなったらそのまま火にかけて茹でます。
❷ 水で2〜3回洗い、最後に洗ったときに使った水に2時間ほど浸けてから水気を絞り食べやすい大きさに切ります。
❸ サツマイモの茎にヤンニョムを入れ和えた後、温めたフライパンにサラダ油を引いてよくかき混ぜながら炒めます。
❹ サツマイモの茎全体がしんなりしたら、昆布だしにエゴマの粉を溶かして注ぎ、水気がだんだん少なくなるように炒め、赤唐辛子を載せます。

12 ずいきナムル

토란대나물

香ばしいエゴマの粉と合わさったまろやかな味

ずいきは乾燥したものをとぎ汁に浸けて柔らかくなるまでもどし、酢を入れてそのまま茹でるとピリッとする辛味がなくなり、色も鮮やかになります。とぎ汁がない場合はテンジャンを入れて茹でてもよいでしょう。十分もどしてから茹でたほうが柔らかいナムルを味わうことができます。エゴマの粉は食べる直前に入れるとより香ばしくなります。

材料

◆ もどしたずいき　300g
（乾燥した里芋の茎 250g）
◆ とぎ汁　適量
（もしくはテンジャン大さじ 1）
◆ 酢　小さじ 1
◆ エゴマの粉　大さじ 2
◆ ゴマ油　小さじ 1
◆ ヤンニョム
昆布だし（➡ P.31）…1 カップ、ゴマ油…大さじ 1、エゴマ油…大さじ 1、みじん切りにしたニンニク…大さじ 1、みじん切りにした生姜… 大さじ 1、クッカンジャン…大さじ 2

作り方

❶ 乾燥したずいきはとぎ汁に浸けて、ある程度柔らかくなったら酢を入れそのまま火にかけて茹でます。
❷ ずいきを手に取り柔らかくなったらとぎ汁を捨て、3回ほど洗い、水気を絞ります。長いものは食べやすい大きさに切ります。
❸ 鍋にヤンニョムを入れやや塩辛く味を付け、火にかけてぐつぐつと煮たったところにもどした里芋の茎を入れ、かき混ぜながら煮ます。
❹ 火にかけたまま食べる直前にエゴマの粉をかけ、ゴマ油をかけて供します。

13 シレギナムル

무청시래기나물

香ばしくて栄養たっぷりのナムル

シレギ（大根の葉）は、雪と雨にさらしながら乾燥させる代表的なナムルで、水に十分浸けて茹でると雑味がなくなり、香ばしくて柔らかいナムルになります。エゴマの粉は早めに入れると香ばしさがなくなり、みじん切りの長ネギを先に入れると黄色くなってしまうので、ナムルが十分柔らかくなった後に入れましょう。

材料

- ◆ もどしたシレギ（大根の葉）　500g
  （乾燥したシレギ 200g）
- ◆ エゴマ油　大さじ 2
- ◆ エゴマの粉　大さじ 2
- ◆ みじん切りにした長ネギ　大さじ 1
- ◆ ゴマ油　大さじ 1
- ◆ ゴマ　大さじ 1
- ◆ ヤンニョム
  クッカンジャン…大さじ 3、みじん切りにしたニンニク…大さじ 1、昆布だし（➡ P.31）…1 カップ

作り方

❶ 乾燥したシレギを半日ほど水に浸け、柔らかくなったらそのまま火にかけます。
❷ 一度沸騰させたら火を弱め、柔らかくなるまで約30分間茹でた後3〜4回洗います。さらに水に3時間ほど浸けて雑味を消したら水気を絞り食べやすく切ります。
❸ 食べやすく切ったシレギとヤンニョムを和えた後、フライパンにエゴマ油を引いて水気が少なくなるまで炒めます。
❹ 大根の葉が柔らかくなったらエゴマの粉をふりかけ、さっと炒めた後みじん切りにした長ネギを入れて火を消します。ゴマ油とゴマをかけて食卓に出します。

14

サルナシの芽ナムル

다래순나물

山の気運をたっぷり含んだ香りを食べる

サルナシの芽ナムルは、4月にサルナシの木の若い芽を収穫し、茹でてから完全に乾燥させて作ったもので、ほのかな香りがたまりません。シラヤマギクナムルと同じく、味と香りに優れていることで名前のあがる山菜です。茹ですぎると柔らかくなってしまうので、十分もどして状態を確認しながら茹でた後、素早く水で洗って冷まします。

材料

◆ もどしたサルナシの芽　300g
（乾燥したサルナシの芽 250g）
◆ 昆布だし（➡P.31）　1・1/2カップ
◆ サラダ油　少々
◆ ヤンニョム
クッカンジャン…大さじ2、ゴマ油…大さじ1、エゴマ油…大さじ1、みじん切りにしたニンニク…大さじ1、みじん切りにした生姜…小さじ1

作り方

❶ 乾燥したサルナシの芽は1時間ほど水に浸け、柔らかくなったらそのまま火にかけ柔らかくなりすぎないように気を付けて30分間茹でます。そして2〜3回洗います。

❷ もどしたサルナシの芽は水気を絞った後ヤンニョムを入れて和えます。

❸ フライパンにサラダ油を引き、ヤンニョムしたサルナシの芽を入れて炒めます。全体的に艶が出たら昆布だしを注ぎ、汁が少なくなるまで炒めます。

保存野菜を作ろう

ホバクゴジ（エホバク）

エホバクは細くて形が一定で種が少ないものを選びます。洗ったら2cmの輪切りにします。丸いエホバクは半分に切り、種を取り出し、半月の形に切ります。ざるに重ならないように並べ、日差しが直接当たらない風通しがよいところで陰干しし、表を十分乾燥させた後、ひっくり返してきれいに乾燥させます。

シレギ（大根の葉）

大根が旬を迎える頃、キムジャンに使ったたくさんの大根の葉を乾燥させて作ります。まず沸騰したお湯に大根の葉を入れ、上下にかき混ぜながら濃い緑色になるまで茹でます。次にざるにあげて水気を切ります。少し冷めたら、ゴザの上に重ならないように並べて乾燥させ、日差しのある昼だけで完全に乾燥させます。

カジオガリ（乾燥したなす）

なすは形が一定なものを選びます。切り方は二通り。1.5㎝の厚さに斜めに切る。または約5㎝長さになるくらいに切って、それぞれを縦に4等分します。ざるに並べ、日差しが直接当たらない風通しがよいところに置いて、ひっくり返しながら完全に乾燥させます。

ワラビ

ワラビは4～5月頃に出る若い芽を収穫し、沸騰させたお湯に入れさっと茹でた後、素早くざるにあげて冷まします。水気がなくなったらざるに広げ、日差しと風通しがよいところに置いて、ひっくり返しながら完全に乾燥させます。

キキョウの根（トラジ）

キキョウは柔らかいものを選び皮を剥いた後、切るかちぎるかします。丸ごと乾かそうとすると乾燥せずカビが生えてしまいます。ざるに重ならないように広げて、日差しと風通しがよいところに置き完全に乾燥させます。

ムマルレンイ（切り干し大根）

大根が旬のときや、大根が余っているときに、キムチ用は指の太さに、和え物用は細目に、煮物用は和え物用よりも太目に切り、ざるで乾燥させます。風通しがよいところに置き、ときどきひっくり返しながら乾燥させます。

シラヤマギク

旬である春にかたい部分を取り除き、沸騰させたお湯でしんなりするまで茹でた後、ざるにあげて水気を切り、広げて乾燥させます。日差しが直接当たらず風通しがよいところで、ときどきひっくり返しながら完全に乾燥させます（シラヤマギクはチイナムル〔山菜の一種〕で、日本でも関東以北にあるが食べられていない）。

四季折々の宗家の漬物

356日の食卓を彩る深い味

夜明けに起き、つやつやときれいに拭いた数多くのハンアリに、1年中食べる漬物を一つ、また一つ漬けていくと、蔵にお米をいっぱい積んだように安心します。1年の食卓を飾る漬物を季節ごとに準備します。新春を知らせるオタカラコウやタラの芽、タケノコをはじめ、新ニンニク、キュウリ、玉ねぎ、唐辛子、シイタケ、ノウタケ、エリンギ、カボチャの葉、栗、柿など、旬の時期に

合わせて育った新鮮な山菜と野菜を逃すものかと下ごしらえし漬けていきます。常に１５０個以上のハンアリがそれぞれ違う味を持つ漬物でいっぱいです。少し手間をかければ、あとは自然の力で発酵し、食卓にはかかせない味となります。

1 タケノコの漬物

죽순장아찌

春のほんのひと時しか味わえない特別な味

春になると刹那の間だけ味わうことができるタケノコ。時期を逃すと、また1年待たなければならないので、早めに下ごしらえしタケノコご飯を作ったりします。漬物は、ときどき出して家族の食欲をそそります。手間はかかりますが、下ごしらえをきちんとすると味と香りが変わります。30～40cmほどに育ったものを収穫すると、最もおいしくいただけます。また、とぎ汁で茹でると苦味がなくなります。

材料

◆ タケノコ　500g

◆ つけ汁

昆布だし（➡P.31）…3カップ、砂糖…1/3カップ、水あめ…1/2カップ、乾燥した赤唐辛子…5個、ナツメ…10個、チンカンジャン…1/2カップ、クッカンジャン…1/2カップ

◆ ヤンニョム

みじん切りにしたニンニク、みじん切りにした青・赤唐辛子、ゴマ油、ゴマ…少々、好みによって唐辛子の粉…少々

作り方

❶ タケノコを皮ごととぎ汁に入れ柔らかくなるまで1時間ほど茹でてそのまま冷まし、皮を剝きます。

❷ 30分間水に浸けてから、水気を切ります。つけ汁を作り、鍋につけ汁を入れて、1カップになるぐらいまでグツグツ沸かしてから冷まします。冷ましたつけ汁をタケノコに注ぎ全体が漬かるようにします。

❸ 同じつけ汁を出しては沸かして冷まし、注ぐを3回繰り返します。色と味が付いたら冷蔵庫で保存して食べます。

❹ 食べるときは食べやすい大きさに切った後、辛さがほしいなら唐辛子の粉を少し入れヤンニョムと和えて食べます。

2

ハリギリの芽漬物

엄나무순장아찌

1年中、春の深い味と香りを楽しむ

ハリギリの芽はビタミンとミネラル、サポニンなどが豊富で「山蔘木」とも呼ばれます。若い芽は薬剤としても使用されます。山のタラノキの若芽とも呼ばれ、味と香りが強いことが特徴です。柔らかいものはすぐ崩れてしまうのでナムルにして食べ、中くらいの大きさのものはキムチに、かたいものは漬物にして食べます。

材料

◆ ハリギリの芽（タラの芽）　300g

◆ つけ汁

昆布だし（➡P.31）…3カップ、砂糖…1/3カップ、水あめ…1/2カップ、乾燥した赤唐辛子…5個、ナツメ…10個、チンカンジャン…1/2カップ、クッカンジャン…1/2カップ

作り方

❶ ハリギリの芽を水ですすぎながら洗った後、ざるにあげて水気を切ります。つけ汁の材料をあわせ、1カップになるまでグツグツ沸かした後、十分冷ましてハリギリの芽に注ぎます。

❷ 1時間ほどでハリギリの芽がしんなりしてきますが、2日に1回つけ汁だけを出し、十分沸かした後冷まして注ぐことを3回繰り返します。

❸ 冷蔵庫に保存して、コチュジャンと和えたり、タケノコの漬物のようにヤンニョムして食べたりします。冷蔵庫で保存しないときには少し塩気を加えます。長く保存して食べるものは塩に少し漬けてからつけ汁を注ぎます。

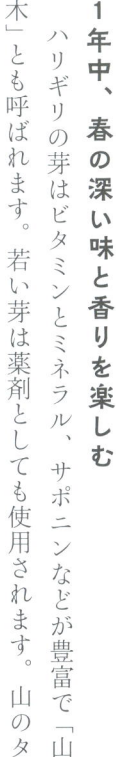

3 ワスレグサ漬物

원추리장아찌

春の気運をいっぱい含んだ山野草の味を長く楽しむ

ワスレグサはユリ科に属する山野草です。新春に冬に凍った地面から出る若い芽を取り、旧暦1月15日に食べるナムルとしたり、テンジャンを少し溶かしクックを作ったりもします。甘味があって淡白でまろやかな味です。

材料

◆ ワスレグサ　300g
◆ 塩水（水2カップ、塩大さじ3）
◆ つけ汁
昆布だし（➡P.31）…3カップ、砂糖…1/3カップ、水あめ…1/2カップ、乾燥した赤唐辛子…5個、ナツメ…10個、チンカンジャン…1/2カップ、クッカンジャン…1/2カップ

作り方

❶ 若芽を切り、軽く洗った後、塩水を作り注ぎます。30分ほど浸けて柔らかくなったらざるにあげて水気を切ります。
❷ ハンアリや容器に一つずつ入れ、つけ汁を作って1カップになるまで沸かした後十分冷まします。冷ましたつけ汁をワスレグサに注ぎ、全体が漬かるようにします。
❸ 3日後、ワスレグサに味が付いたら出して、好きなヤンニョムと和えて食べます。

4

ギボウシ漬物

옥잠화장아찌

ヤンニョムを塗って食べるさっぱりした味

ギボウシはマンションの花壇などにときどき植えられていますが、昔は山道で見かけた山野草です。夏に咲き、つぼみのかたちが擬宝珠のようなので、この名で呼ばれます。春に出る柔らかく若い葉はナムルとして食べ、かたいものは崩れないので漬物用として使います。漬物にするとさっぱりとした淡白な味がたまりません。

材料

◆ ギボウシ（かたいもの）　200g
◆ 塩水（水3カップ、塩1カップ）
◆ つけ汁
昆布だし（➡P.31）…大さじ2、チンカンジャン…大さじ2、クッカンジャン…大さじ1、みじん切りにしたニンニク…小さじ1、エゴマ油…大さじ1、みじん切りにした青・赤唐辛子…少々、ゴマ・唐辛子の粉（パウダー）…少々

作り方

❶ 柔らかいものより少しかたいものを用意し、洗ってから水気を切ります。
❷ ハンアリに一つ一つ入れて浮かないように重石をした後、塩水を作り注ぎます。そのまま葉が黄色く発酵するまで待ちます。
❸ 食べる量だけ出し、塩気を抜くように水で洗ってから、絞ります。
❹ ヤンニョムを作り葉の間に万遍なくかけて1枚ずつご飯の上に載せて食べます。

5 フキの葉の漬物

머윗잎장아찌

晩秋にも特有の味と香りが生きる

フキは昔から解毒作用があり、風邪に効果があると言われているので、各家で健康を守るおかず用に植えたものです。秋になってかたくなったものは漬物にして食べます。ほろ苦い味と香りがよいのはもちろん、フキの葉には防腐効果があり、雑菌が繁殖しません。

材料

- ◆ フキの葉　300g
- ◆ テンジャン　2カップ
- ◆ つけ汁
  昆布だし（➡P.31）…1/2カップ、クッカンジャン…1/2カップ
- ◆ ヤンニョム
  昆布だし…1/2カップ、みじん切りにした長ネギ・みじん切りにしたニンニク・ゴマ油・ゴマ・みじん切りにした赤唐辛子…少々

作り方

❶ 手のひらの半分ほどの大きさのものを摘んで、洗った後水気を切り容器に入れます。上にテンジャンをたっぷり塗って手で万遍なく塗りながら押します。

❷ つけ汁を沸かして冷ました後、テンジャンを塗った上にゆっくり注ぐと、汁がだんだん上がってきます。20日程度発酵させてから食べます。

❸ 塩辛いと思ったら水にくぐらせ洗います。ヤンニョムを作って上から万遍なくかけてから、味が落ち着く5〜6日から食べられます。ざらざらする部分が口の中に当たらないように、ご飯に載せて食べます。特有のひりっとする味が食欲をそそります。

6 ヤンニョム唐辛子の漬物

고추양념장아찌

たっぷり漬けて辛味を楽しむ定番漬物

十分漬けてトンチミやゴルパキムチにも入れ、切ってキムパプ（韓国式のり巻）やマンドゥの中にも、カルグックスのヤンニョムに使うのにももってこいです。ピリ辛の唐辛子の漬物さえあれば、「食欲がない」なんて、誰も言わなくなります。唐辛子の漬物は長く保存して食べるもので、チョンヤンコチュを使うと、次の年の春にも、サクサクとし、かたくなりません。

材料

◆ チョンヤンコチュ（唐辛子）　400g

◆ 塩水（水2カップ、塩1/2カップ、酢大さじ1）

◆ ヤンニョム

昆布だし（➡P.31）…2カップ、イワシのジンジョッ…3カップ、唐辛子の粉…1/2カップ、唐辛子の種…1/2カップ、塩…1/2カップ

作り方

❶ チョンヤンコチュをヘタが付いているまま洗って容器に入れ、塩水を注ぎ、重石をして発酵させます。塩水は白菜を漬けるときよりも辛めです。

❷ 唐辛子が黄色く発酵したら取り出して水気を切った後、ヤンニョムを作りよく和えてハンアリに入れウゴジ（白菜の葉）をかぶせます。唐辛子の粉はヤンニョムの色を見ながら減らしたり増やしたりします。常温で20日間寝かしたら食べることができます。そのまま食べてもいいですし、ゴマ塩とゴマ油、みじん切りにしたニンニクなどを加えて和えるとおいしくいただけます。

7 ミニ玉ねぎの漬物

미니양파장아찌

いつまでも栄養価が高く、さっぱりした味

水分で玉ねぎの漬物はすぐ柔らかくなってしまうので、他の漬物のように長く保存して食べることはむずかしいです。もちろん手間をかければ長く食べることができますが、1年以上発酵させて食べるより、塩気を少なめにしてサクサクと食べるほうがいいでしょう。

材料

◆ ミニ玉ねぎ　20個

◆ つけ汁1

クッカンジャン…大さじ5、チンカンジャン…大さじ3、昆布だし（➡P.31）…1/2カップ、酢…大さじ3、砂糖…大さじ3、乾燥した唐辛子…1～2個

◆ つけ汁2

昆布だし…1/2カップ、塩…適量

作り方

❶ 5月に新玉ねぎがでたら、小さいものを選び皮を剝いて洗った後、水気を完全に切ります。切ってしまうと柔らかくなりすぎるので丸ごと容器に入れ、つけ汁1を十分沸かした後に冷まして注ぎます。

❷ 翌日はつけ汁を違う容器に移し沸かしてから冷まして注ぎます。3～4日後につけ汁を移して昆布だしを注ぎ、塩で味を調節します。このつけ汁2を沸かし、冷ましてから注ぎます。

❸ 3～4日後につけ汁を別の容器に移し、玉ねぎから出た水分を飛ばすように十分沸かしてから冷まして注いだ後、1週間後から出して食べます。

漬物のコツ❶

しょう油やコチュジャン、テンジャンに長く入れて味を付けるものが漬物です。しょう油などの味の素になるものがおいしければ、漬物もまたおいしくなるのは当然です。しかし、どんな材料にしょう油を注ぎ、またどんな材料にテンジャンやコチュジャンを使えばいいのか……材料と味の素になるものの相性がとても重要です。材料が持っている味と香り、質感などによって違います。しょう油はさっぱりして爽やかな味を引き立てることができるので、主にタケノコやタラの芽、シイタケ、オタカラコウやギョウジャニンニクなどの山野草のように香りがあり味がまろやかな材料とよく合います。

一方、唐辛子やニンニクの茎、梅、ツルニンジン、エゴマの葉、ニンニクなど、香りと味が強い材料は辛くて甘味のあるコチュジャンとよく合います。

黄色くなった大根や豆の葉、エゴマの葉、ややかたく乾燥したキュウリ、マクワウリ、ツルニンジンなどはテンジャンを使うとおいしくなります。しかし、漬物の魅力は味の素によって様々な味を出すことができることです。1～2回漬けてコツをつかんだ後、調味料を変えながら新しい味に挑戦するのも大きな楽しみです。

また、かけた歳月ほど味が深くなることが漬物の魅力です。それには下ごしらえが欠かせません。漬物は短くて数か月、長くて何年も保存して食べる料理なので、途中で腐敗したりカビが生えたり柔らかくならないように漬けなければなりません。キュウリやエホバク、なす、トマトなどのように水分が多い夏の野菜で漬物を漬けるときには、必ず塩に漬けて、日差しの下でややかたくなるように乾燥させ水分を十分抜くことが重要です。

梅も同じように、長く保存して食べるものは塩に、1年以内に食べるものは砂糖に浸けて水分を抜いて漬けます。そうすることにより味が変わらなくなるので、長く保存して食べてもサクサク感を味わうことができます。

8 ギョウジャニンニクの漬物

명이장아찌

肉を焼いて包んで食べると最高！　鬱陵島の名物

「ギョウジャニンニク」は標高７００m以上の高山地帯と鬱陵島《ウルルンド》全域で自生する山のニンニクです。食べ物が不足していた時代に山に登ってこれを食べ、命を繋いだと伝わっています。最近は鬱陵島の名物として知られています。主に新春にサムとして食べたり、クックを作ったりしますが、漬物を作っておくと1年中食べることができます。特に肉を焼くときに包んで食べると、爽やかで香ばしい味が楽しめます。

材料

◆ ギョウジャニンニク　500g

◆ つけ汁

チンカンジャン…1/3カップ、クッカンジャン…大さじ4、塩…大さじ1、酢…大さじ1、砂糖…大さじ4、水あめ…大さじ2

作り方

❶ 新春に手のひらほどの大きさの葉を取り洗った後、水気を切ってハンアリに一つ一つ入れて重石を載せます。

❷ つけ汁を沸かしてから冷まして注いだ後、味が付いたら取り出して食べます。しょう油だけで漬けると色が黒くなってしまいますし、漬けすぎるとニンニクのにおいがついておいしくなくなってしまいます。長く保存して食べるものは冷凍しましょう。

9 ボウフウの漬物

방풍나물장아찌

食べるほど体にいいほのかな苦味

海風に当たりながら育つボウフウナムルは、昔から食べ続けると風邪と痛風を防ぐので防風《ボウフウ》（セリ科の一種）という名前になったと言います。香ばしい香りと一緒に噛めば噛むほどほのかな苦味がでます。新春に芽が出たものを、春の漬物として作り、忘れた頃に食卓に出し家族の食欲をそそります。葉が厚いのでテンジャンヤンニョムがよく合います。

材料

- ◆ ボウフウ　500g
- ◆ 塩　大さじ 3
- ◆ テンジャンヤンニョム
  テンジャン…1 カップ、コチュジャン…1/2 カップ、クッカンジャン…大さじ 2、チンカンジャン…大さじ 1
- ◆ ヤンニョム
  ゴマ油、みじん切りにしたニンニク、みじん切りにした赤唐辛子、ゴマ、昆布だし（➡ P.31）…少々

作り方

❶ 若い新芽を取りきれいに洗った後、水気を切り塩をふって少ししんなりするまで漬け、洗って水気を取ります。

❷ テンジャンヤンニョムを作り、よく和えます。そしてハンアリに入れ10〜14日後、味が付いたら取り出してテンジャンヤンニョムを取り除き、ヤンニョムに和えて食べます。甘味が出るとおいしくなくなるので、甘くならないように漬けます。全体的に塩辛くなったら昆布だしを少し加えます。薄味で和えてアツアツのご飯の上にのせて食べると、格別です。

10 野生セリの漬物

돌미나리장아찌

体いっぱいに3月の春の気分を含む

土で育つ野生セリ。本来は山や渓谷などの湿地で野生するもので、3月の春の気運をたっぷり含んだ爽やかな味と香りが最高です。また、解毒作用に優れて、薬剤としても使われます。畑などで育つセリより背が小さめでかたく、赤色を帯びて葉が多いのが特徴です。その香りと味が格別です。

材料

- ◆ 野生セリ　1kg
- ◆ 水　2カップ
- ◆ 塩　大さじ2
- ◆ ゴマ　適量
- ◆ ヤンニョム

コチュジャン…1・1/2カップ、クッカンジャン…大さじ3、昆布だし（➡P.31）…1/2カップ、砂糖…大さじ2、水あめ…1/2カップ

作り方

❶ 野生のセリは揺らしながら洗って水に浸け、塩をふり漬けます。しんなりしたらざるにあげて水気を切ります。

❷ ヤンニョムを作りグツグツと泡が立つように沸かして冷ました後、野生セリを入れ和えます。そしてハンアリに入れて、上から力いっぱい押して保管します。

❸ 10日後には味が付くので出して食べます。ゴマをふるとより味がおいしいくなります。ゴマ油は脂っこくなるので絶対にかけないでください。

漬物のコツ❷

漬物は新鮮な野菜とナムルがあふれる時期に、しょう油やコチュジャン、テンジャンなどに長く漬けて保存して食べる定番おかずです。これは野菜が貴重だった冬に備えるためでも、時期が短い旬の野菜を腐敗しないように保管して長く味わうためでもあります。

もちろん、新鮮味は味わえませんが、長い間自然熟成と発酵を経て、材料が持つ味と香りがより深く豊かになります。特に香りが強い春のナムルなどは、その香りを長く楽しむことができ、テンジャンやコチュジャンよりしょう油に漬けてさっぱりと爽やかに食べたほうがよいでしょう。ギボウシやオタカラコウなど、春のナムルの葉を漬けるときには、若い芽はすぐに柔らかくなるので、少しかたいものを漬けると長く保存して食べるのに適しています。エゴマの葉や豆の葉などは晩秋黄色くなったもので漬けると、次の年の夏まで食べることができます。

このようにして発酵させた漬物は、ふっくらとして炊いたご飯ととても相性がいいものです。もしアツアツのご飯がないときには、スプーンほどの塩辛の漬物をかけて、冷たいお茶漬けのようにして食べると、別のおいしさを味わえます。またギョウジャニンニクやエゴマの葉、豆の葉などの漬物は、肉を焼いたときに包んで食べてもおいしいです。葉で漬物を作るときは塩に少し漬けてから作ります。そうすると水分が抜け、発酵しても色が黒くならずきれいな色の漬物になります。

漬物は、つけ汁だけを取り出し別に沸かしてまた注ぐことを繰り返すという面倒な手間がかかりますが、手を尽くして漬けておくと自然が発酵した味を引き出し、またその味を一年中楽しむことができるのです。

11 タラの芽の漬物

두릅장아찌

4～5月に漬け長く保存し春に楽しむ

タラの芽はチャンチン（センダン科の高木）の芽と一緒にお寺のお坊さんがよく食べる貴重な春のナムルの一つです。新春の若い新芽をさっと茹でて食べたり、4～5月のものはキムチに漬けたり漬物にしたりします。産毛があり荒い感じもしますが、高麗人参に負けないほどの栄養と、口の中に広がる香ばしさがたまりません。

材料

◆ タラの芽　500g
◆ つけ汁
クッカンジャン…1/2カップ、チンカンジャン…1/3カップ、昆布だし（➡P.31）…2カップ、赤唐辛子…3個、ナツメ…10個

作り方

❶ タラの芽を洗うと黒く変色するので、汚れをとるだけで、そのまま一つ一つ容器に入れた後、重石をします。
❷ つけ汁を沸かし冷ましてから注ぎます。タラの芽が黄色くなったら発酵が完全に進んだ印です。緑色が残っているときは、黄色くなるまで待ちましょう。
❸ 漬物なのでどうしても塩気が強く感じられるので、頭を切り細かく切ってご飯の上に載せて食べます。

12 エゴマの葉の漬物

단풍깻잎장아찌

晩秋に漬けて次の年の夏まで味わう

　木が紅葉色に染まる頃、霜にさらされ黄色くなったエゴマの葉を収穫し、塩辛く発酵させて食べる漬物。キムジャンの時期に漬けたキムチがまだ熟成しきれず、食べ物に困る晩秋から始まり、暑さで疲れて食欲がない次の年の夏まで、長く保存して食べることができる定番おかずです。熱いご飯によく合います。

材料

- ◆ エゴマの葉　500g
- ◆ 塩水（水 5 カップ、塩 1 カップ、酢大さじ 2）
- ◆ ヤンニョム
  イワシのエキス…大さじ 1、チンカンジャン…大さじ 1、クッカンジャン…大さじ 1、昆布だし（➡ P.31）…大さじ 2 ～ 3、みじん切りにしたニンニク…大さじ 1、みじん切りにした赤唐辛子…大さじ 1、みじん切りにしたニラ…大さじ 1、唐辛子の粉…大さじ 1/2、エゴマ油…大さじ 1、ゴマ…大さじ 1 ～ 2

作り方

❶ エゴマの葉は黄色くなると葉が薄くなりかたくなるので、漬物にするにはちょうど適しています。水ですすぎながら洗った後、水気を切ります。1回で食べる分だけ交互に重ねてハンアリに入れて重石をします。

❷ 来年の夏まで食べられるようにするため、クックを作るときより塩辛く塩水を作り、エゴマの葉がたっぷり浸かるように注ぎ、黄色く発酵させます。

❸ 発酵するときに塩のいやなにおいがしみ込んでしまうので、食べる量だけを取り出し、お湯で茹でて水気を絞ります。薄味のヤンニョムを作り、葉の間にかけて食べます。漬物なので塩辛いのは当たり前ですが、ヤンニョムで調整しましょう。

13 豆の葉の漬物

단풍콩잎장아찌

慶尚道出身者が忘れられない懐かしい味

遅霜が降る頃に黄色く染まった大豆の葉を収穫し、塩辛く発酵させて食べる慶尚道の味です。エゴマの葉と同じく、晩秋に漬けて次の年の夏まで食べるので、クックより、エゴマの葉よりもさらに塩辛く漬けなければなりません。豆の葉もエゴマの葉も柔らかいので漬けるとすぐにしんなりします。

材料

◆ 豆の葉　400g
◆ 塩水（水 4 カップ、塩 1 カップ、酢大さじ 2）
◆ ヤンニョム
イワシのジンジョッ…大さじ 2、イワシのエキス…大さじ 1、昆布だし（➡ P.31）…大さじ 3、みじん切りにしたニンニク…大さじ 1、みじん切りにした生姜…小さじ 1/4、みじん切りにした赤唐辛子…大さじ 1、みじん切りにしたわけぎ…大さじ 1、唐辛子の粉（パウダー）…大さじ 1、唐辛子の種…大さじ 1、ゴマ油…大さじ 1、ゴマ…大さじ 2

作り方

❶ 黄色くなってかたいものを収穫し洗った後、1回に食べる分量ずつ容器に入れ重石をします。
❷ 塩水を作り全て浸かる程度に注ぎ、発酵させます。塩水に酢を入れると雑な匂いを消します。
❸ 食べるときには黄色く発酵した豆の葉を取り出し、水に2日ほど浸けて塩を抜きます。かたいので沸かしたお湯で茹でて水気を絞った後、ヤンニョムを作り葉の間に塗って食べます。1回に2～3日食べる分量だけを作り、そのとき、そのときに食べるとより楽しめます。塩辛などでヤンニョムをするときはゴマ油は使わなくてもいいでしょう。

14

エゴマの葉のテンジャン漬物

깻잎된장장아찌

テンジャンの栄養まで楽しむ秋の漬物

エゴマの葉は、7～8月の旬にサムとしてたくさん食べます。かたいものや黄色くなったものは漬物にしておくと、365日ほろ苦い味と香りを楽しむことができます。特にテンジャンで発酵させたエゴマの葉の漬物は、テンジャンが持っている味と栄養価が加わります。ご飯はもちろんのことサムギョプサル（豚の三枚肉を焼いたもの）によくあいます。

材料

◆ エゴマの葉　20束（500g）
◆ テンジャン　3カップ
◆ 塩水（水5カップ、粗塩1カップ、酢大さじ）
◆ つけ汁
昆布だし（➡P.31）…1/2カップ、粗塩…1/2カップ

作り方

❶ 葉がかたいものを選んで洗った後、1回に食べる量ずつ交互に容器に入れたら、塩水を作って注ぎます。
❷ 5～7日後黄色く漬かったら取り出して水気を絞った後、テンジャンを塗りながらハンアリに入れて重石をします。
❸ 味が薄いとすぐ柔らかくなるので、つけ汁を作り注いだら力いっぱい押さえ、1～2週間後に味が付いたら取り出して食べます。柔らかく塩辛いときには、昆布だしを注ぎエゴマ油を1～2粒落とした後、グツグツ沸かして食べます。

15 なすの漬物

가지장아찌

滅多に味わえない貴重な夏の定番おかず

紫のきれいな色を持つなすは、夏の暑さに疲れた胃に気力を与えます。エホバクと同じく、水分が多い夏野菜です。保存する間にカビが生えたり柔らかくなりすぎないように、水分を十分抜きます。かたく乾燥させ、野菜の甘さは残します。やや弾力のある噛み応えが魅力です。

材料

- ◆ なす　10個
- ◆ 塩水（水5カップ、塩1カップ）
- ◆ つけ汁

クッカンジャン…1カップ、チンカンジャン…1カップ、水あめ…40cc（お好みによって調節）、砂糖…大さじ3、昆布だし（➡P.31）…2カップ、ナツメ…10個、乾燥した赤唐辛子…5個

作り方

❶ 柔らかくてなってほしいものは丸ごと、旬が過ぎ大きくてかたいものは半分に切って漬けます。流水で洗いヘタを取った後、塩水に5時間ほど漬け皮がしわしわになったら取り出し、2日間天日で乾燥させます。

❷ 十分乾燥させた後、ハンアリに一つ一つ入れ、つけ汁を沸かして十分冷ました後注ぎます。

❸ 暑い夏には1日1回ずつを3回、冷たい風の吹く秋には1日1回ずつを2回、つけ汁だけを別の容器に取り出し十分沸かしてから冷まして注ぎます。味が付いたら冷蔵庫で保存します。甘味がいいので、ちぎってそのまま食べてもいいでしょう。

16 オタカラコウの漬物

곰취장아찌

山奥のほろ苦い味と香りがそのまま

オタカラコウは山奥に住む熊の好物だと言われています。春に出る山菜の中で香りが最もよいことで有名です。6月が過ぎかたくなってきたら、漬物にして気力がないときや食欲がないときに自然の味と香りでエネルギーを補います。下ごしらえするときは量が多いような気がしますが、漬けてみると意外と少なくなるので、いつも「もうちょっと漬ければよかった」と後悔してしまいます。

材料

- ◆ オタカラコウ（山菜） 500g
- ◆ 塩水（水1カップ、塩大さじ1、酢大さじ1）
- ◆ ヤンニョム

  昆布だし（➡P.31）…1/2カップ、みじん切りにしたニンニク…大さじ1、クッカンジャン…大さじ3、チンカンジャン…大さじ2、唐辛子の粉（パウダー）…大さじ3、ゴマ…大さじ2

作り方

❶ あまり大きくないかたい葉を用意して茎を短く切ってから洗い、水気を切ります。

❷ 容器に一つずつ入れてやや薄味の塩水を作り注ぎます。黄色くなるまで1週間ほど発酵させた後、食べる量だけ取り出し、塩気が抜けるように3時間ほど水に浸けます。

❸ その間にヤンニョムを作り、オタカラコウを取り出して軽く押しながら水気を切り、間にヤンニョムを万遍なくかけて食べます。ヤンニョムをするときには長ネギを入れないほうがおいしくなりますし、オタカラコウのような山菜にはエゴマ油を入れて食べてもおいしいです。野原や畑で採れるナムルは、ゴマ油と相性がいいです。

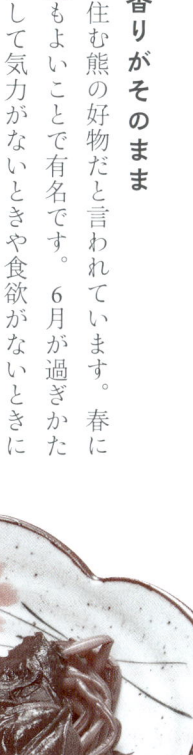

17

ニンニク丸ごと漬物

통마늘장아찌

旬でなくても1年中楽しむサクサク感

ニンニクは1日3～4かけらを食べると健康によいと言います。5～6月の旬のときには漬物をたっぷり漬けて1年中食べる滋養強壮剤のようなおかずです。

材料

◆ 丸ごとニンニク　50個

◆ 塩水

水…10カップ、塩…1/2カップ、酢…1/2カップ

◆ つけ汁

塩水…5カップ、昆布だし（➡P.31）…1カップ、チンカンジャン…2・1/2カップ、クッカンジャン…2・1/2カップ、砂糖…1/2カップ（お好みによって調節）

作り方

❶ ニンニクは根を切った後、皮が1～2枚程度残るように剝き、軽く洗って水気を切ります。

❷ 塩と酢を分量の水に入れて塩水を作り、注いでそのまま蓋をします。1週間後、ニンニクの皮が赤く変わったら水を出し、1/2をつけ汁の材料として使い、十分沸かした後冷ましてニンニクに注ぎます。

❸ 1週間後、その次は3～4日後につけ汁を取り出し、沸かして冷まして注ぐことを繰り返します。そのとき味が薄かったら塩、甘味が好きなら砂糖を入れ味が染み込んだら食べます。

18 梅コチュジャンの漬物

매실고추장장아찌

食べるほど薬になる天然家庭常備薬

緑色の梅が登場する6月の前後は、主婦はとても忙しくなります。梅が出る時期は短いので、その時期を逃すと1年間待たなければなりません。家庭常備薬のようによいとされる梅の漬物です。

材料

- ◆ 梅　1kg
- ◆ 白砂糖　1kg
- ◆ コチュジャンヤンニョム
  コチュジャン…500g、唐辛子の粉…300g、昆布だし（➡P.31）…1/2カップ

作り方

❶ 梅は噛んでみて種がつぶれないようなよく熟したものを選び、洗った後水気を切ります。そして包丁で切りながら種を取り除きます。

❷ 下ごしらえした梅と同量の砂糖を交互に入れ、水分が抜けるように5日間漬けてからざるにあげて水気を切ります。

❸ コチュジャンヤンニョムを作り、梅を入れて和えます。水気があると長く保存して食べるのに適しています。冷蔵庫で保存して食事のたびに出して食べますが、ゴマ油とゴマを入れて和えると、みずみずしくてこりこりとする噛み応えがたまりません。梅は長く保存して食べるものは塩で、早く食べるものは砂糖で漬けます。

19

エホバクの漬物

애호박장아찌

1年間安心できる噛み応えのある塩辛い定番おかず

カボチャは夏を代表する野菜です。水分を抜いていつでも食べられるように漬物にします。肉を食べるような噛み応えがあります。

材料

- **エホバク**（カボチャ）　5個
- **つけ汁**

　クッカンジャン…1/2カップ、チンカンジャン…1/2カップ、水あめ…40cc、砂糖…大さじ3、昆布だし（➡P.31）…1カップ、ナツメ…10個、乾燥した唐辛子…5個

作り方

❶ エホバクは洗って横半分に切り、さらに縦半分に切ってスプーンで種を取り除いた後、塩をふり4～5時間放っておいて水分を抜きます。
❷ 水で軽く洗ってざるにあげ、ときどきひっくり返しながら2日ほど乾燥させます。そして容器に入れ、つけ汁を沸かしてから冷まし注ぎます。
❸ 夏でしたら1日1回ずつを3回、冷たい風の吹き始める9月頃なら1日1回ずつを2回、つけ汁だけを別の容器に取り出し、十分沸かしてから冷まして注ぐことを繰り返し、冷蔵庫で保存して食べます。つけ汁は泡が立つようにグツグツ沸かすようにすると失敗しません。

20 ノウタケの漬物

능이버섯장아찌

山の気運をたっぷり含んだ香りを食べる

1ノウタケ、2マツタケ、3シイタケという言葉があるように、キノコの中ではオークの根本で育つノウタケを最高とします。熊の足の裏のような黒い形とは異なり、香りが豊かで一つあれば家中にほのかな香りが広がります。かたいにもかかわらず、噛み応えの柔らかさも抜群です。味がとてもよいので、気力がないときに少しずつでも食べたくて漬物を作ります。

材料

◆ ノウタケ　500g

◆ つけ汁

昆布だし（➡ P.31）…1/2カップ、クッカンジャン…1/4カップ、チンカンジャン…1/4カップ、砂糖…大さじ1

◆ ヤンニョム

みじん切りにしたわけぎ、ゴマ油、みじん切りにしたニンニク…各少々

作り方

❶ 8～9月に出るノウタケを、土をはたく程度に下ごしらえし、容器に一つずつ入れます。

❷ つけ汁を沸かしたら1回冷まして注ぎます。つけ汁が塩辛いと吸収力の優れたキノコにすぐにしみ込んでしまうので、おいしくなくなってしまいます。漬けてから1週間後から食べますが、肉をちぎるようにちぎり、ノウタケの香りが消えないように薄味でヤンニョムします。

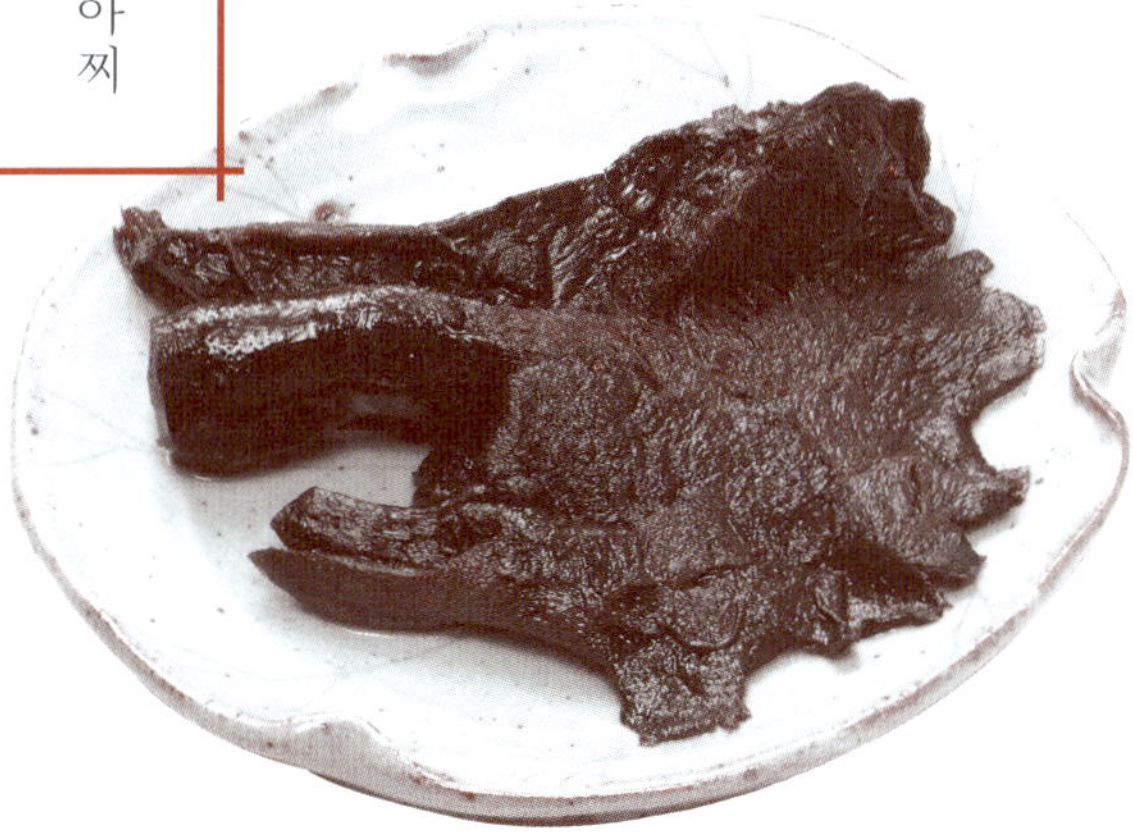

21 シイタケの漬物

표고버섯장아찌

もちもちする食感に秋の味と香りがいっぱい

キノコは健康にいい成分をいろいろと備えているので、「土から出る牛肉」と呼ばれます。さらに塩辛くないよう漬けておくと長くその味と香りを楽しむことができます。

材料

- ◆ 乾燥したシイタケ　100g
- ◆ 蜂蜜　大さじ3
- ◆ つけ汁
  昆布だし（➡P.31）…5カップ、チンカンジャン…1/2カップ、クッカンジャン…1/2カップ、砂糖…1カップ、水あめ…40cc、塩…少々
- ◆ ヤンニョム
  みじん切りにしたニンニク・みじん切りにしたわけぎ…適量、ゴマ油・ゴマ…少々

作り方

❶ 乾燥したシイタケのおいしい成分が抜けないように、ちょうど浸かる程度の水で柔らかくもどした後、崩れないように押しながら水気を切り、軸を取ります。

❷ つけ汁を作り塩で味を整えた後、全体の分量が1/3程度減るように沸かします。取り出したら蜂蜜を入れて熱いうちにシイタケに注ぎます。

❸ 1週間後、その次はその3日後、また次は7日後に1回ずつシイタケを取り出して絞った後、つけ汁を十分沸かし冷ましてから注ぎ、味が付いたら出してヤンニョムして食べます。シイタケは水分を吸収する性質があるので、つけ汁が塩辛くてはいけません。クッカンジャンとチンカンジャンを混ぜると色も濃くなく味もよくなります。

22

エリンギの漬物

새송이버섯장아찌

肉に負けないほどもちもちとした噛み応え

昔宮中では漬物を「醬瓜《チャングァ》（くだもののこと）」と呼びました。世界のおいしい料理をいつも楽しんでいた王様も、食欲を失ったときには醬瓜を食べたと伝わっていますが、昔はなかったエリンギの漬物は味わうことができなかったでしょう。柔らかくてまろやかな味がよく、様々な料理に使われているエリンギは漬物にするともちもちとした噛み応えが他のキノコよりも優れます。

材料

◆ エリンギ　500g

◆ つけ汁

昆布だし（➡P.31）…1カップ、クッカンジャン…大さじ2、チンカンジャン…大さじ4

作り方

❶ エリンギは形を生かして薄く切った後容器に入れます。

❷ つけ汁をグツグツ沸かしてそのままエリンギに注ぎ、つけ汁によく浸かるようにします。2時間後エリンギから水が出て薄くなったつけ汁をざるでこした後、半分に減るまで沸かし十分冷ましてから注ぎます。

❸ 次の日から1日に1回つけ汁を沸かし冷ましてから注ぐことを3回程度繰り返した後、味が付いたら食べます。もちもちとした味が牛肉のしょう油煮のようです。

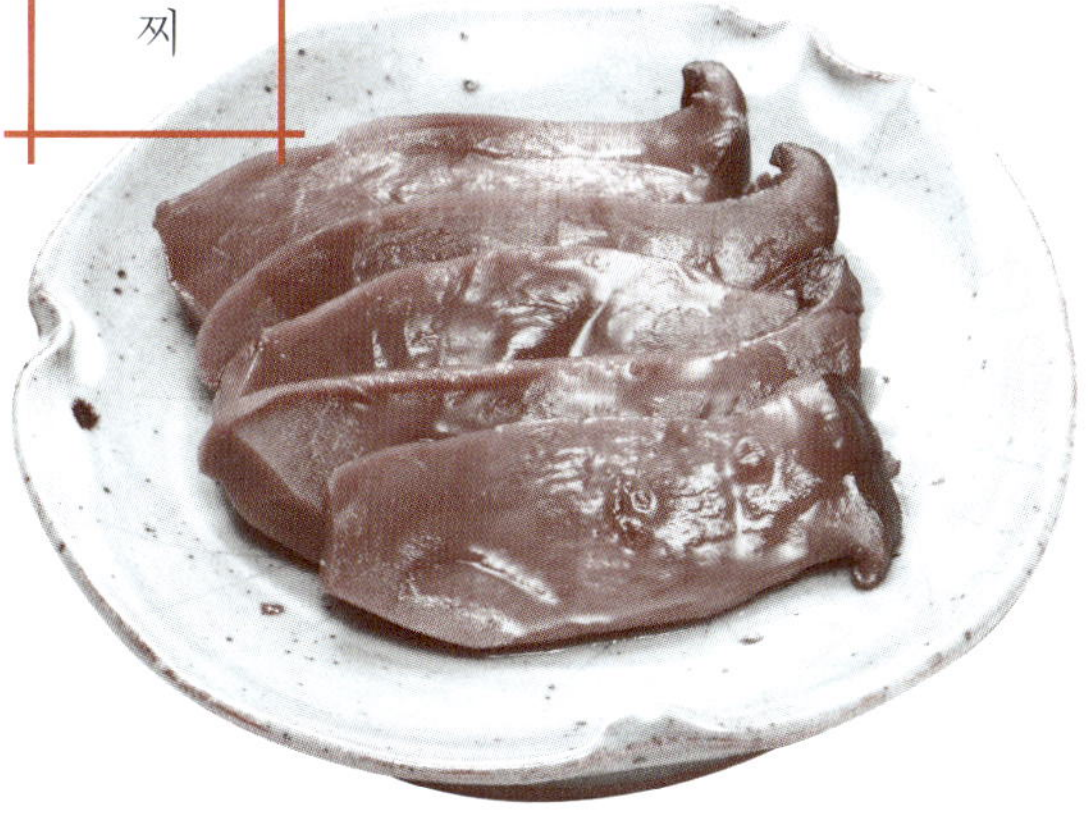

23 ニンニクの茎の漬物

마늘종장아찌

7~8月に最もおいしい漬物の定番

ニンニクより弱いですが、ピリッと舌を刺激する辛味があり、生の状態でコチュジャンにつけて食べたりもします。6月の旬のときに濃い緑色の新鮮なものを選び、たっぷり漬物を作り1年中定番おかずとして食べます。

材料

◆ ニンニクの茎　2kg

◆ つけ汁

昆布だし(➡P.31)…4カップ、チンカンジャン…1カップ、クッカンジャン…1カップ、水あめ…40cc、酢…1/2カップ、ナツメ…5個、乾燥した唐辛子…2個、生姜…2片

作り方

❶ 弾力がある太めのものを選び、根元を切り取って洗った後、ざるに入れて風通しのいい日陰で3~4日程度乾燥させます。

❷ かたくなったら、食べやすい大きさに切るか、4~5個ずつ手に取り結んで容器に入れ浮かないように石で押さえます。

❸ つけ汁を沸かし冷ましてから注いだ後、1週間間隔で2~3回つけ汁を取り出して沸かし冷ましてから注ぐ作業をし、発酵させてから食べます。ヤンニョムするとおいしくないので、食べやすい大きさに切りつけ汁を少し足して食べます。つけ汁はチンカンジャンで色を出し、クッカンジャンで味を整えます。少し塩辛く作ったほうが塩加減が合いますし、十分沸かして水分を飛ばさないとカビが生えるので、注意します。

24 プッマヌルの漬物

풋마늘장아찌

ニンニクの味と栄養をそのまま楽しむ秋の定番おかず

3月から4月初旬、旬の時期にだけ出る若いニンニク。そのときを逃すと味わえないので、旬の3月には早めに漬物にします。一かけらだけ食べても口の中にニンニクの香りがいっぱい広がります。長く保存して食べたいなら、塩水に漬けずに作ったほうが持ちがいいです。塩水に漬けないときはヤンニョムの塩加減を強く、塩水に漬けて作るときには薄くヤンニョムします。

材料

- ◆ プッマヌル（若いニンニクの茎）　1kg
- ◆ 塩水（塩2カップ、水6カップ）
- ◆ ヤンニョム

テンジャン…1カップ、コチュジャン…1カップ、唐辛子の粉…1/2カップ、昆布だし（➡P.31）…1/2カップ、イリコの粉…1/2カップ、水あめ…20cc、砂糖…大さじ1

作り方

❶ 太すぎるものは芯がかたいので中間の太さのものを選んで洗った後、塩水に漬けます。葉が先に漬かりますが、茎が柔らかくなる程度に漬けた後水気を切ります。

❷ ヤンニョムを作ってニンニクと一緒に和えた後、半分に折って容器に交互に入れたらすぐに食べてもいいですし、辛味がいやな場合は2〜3日後に取り出して食べましょう。

25

レンコンの漬物

연근장아찌

長く保存して食べても変わらないサクサク感

レンコンは根、葉、実など、捨てるものが何もないという蓮の根で、池で得た栄養の塊と言います。サクサクとした食感がよく、漬物にして長く保存して食べても噛み応えは変わりません。

材料

◆ レンコン　1kg
◆ つけ汁
チンカンジャン…1/2カップ、クッカンジャン…1/2カップ、昆布だし（➡P.31）…3カップ、水あめ…60cc、砂糖…大さじ2、乾燥した唐辛子…2～3個

作り方

❶ レンコンの漬物は形が一定のレンコンを選び、皮を剥いて0.5cm程度の厚さに切ります。
❷ 水に1時間30分ほど浸けてでんぷんを抜いた後、水気を切り容器に入れ、つけ汁を沸かしてから冷まし、注ぎます。
❸ 3日間隔で2～3回つけ汁を取り出し、沸かしたら冷まして注ぐということを繰り返し、色と味が付いたら出して食べます。レンコンもやはり水分を吸収する性質があるので、つけ汁が塩辛くならないようにしましょう。

26

桑の実の漬物

오디장아찌

漬けてから3～4日後には味わえる

桑の実は「桑の木」の実で、小指の第一関節ほどの大きさの黒い実です。山の中で自然が育てるため、手に入れることができない年もありますが、甘酸っぱい味がよくて、時期になると探して漬物を作ります。熟成しきったもので漬物を作るとすぐに柔らかくなってしまうので、まだ熟していない青色でヘタが新鮮で太めのものを選びます。

材料

◆ 桑の実（成熟していない青いもの）
300g（2カップ）

◆ つけ汁
昆布だし（➡P.31）…1/2カップ、クッカンジャン…1/3カップ、酢…1/2カップ、砂糖…1カップ

作り方

❶ 桑の実は洗わず汚れを除き、容器に入れます。

❷ つけ汁を作り桑の実にそのまま注ぎます。つけ汁に酢が入っているため、青かった桑の実が黄色くなります。黄色くなるまで3～4時間かけて漬け、黄色くなったらすぐに取り出して食べます。

27 ごぼうの漬物

우엉장아찌

土の香りをいっぱい含んだ秋の根菜

全ての根菜がそうであるように、ごぼうも深い地面の下の栄養をたっぷり含んで育ち「長寿食品」と呼ばれています。時期になると漬物として作って、よい味を長く楽しみます。

材料

- ◆ ごぼう　1kg
- ◆ つけ汁

チンカンジャン…1/3 カップ、クッカンジャン…1/2 カップ、肉汁（すね肉などの肉でとるスープ）…3 カップ、水あめ…60cc、砂糖…大さじ 2、乾燥した唐辛子…2 ～ 3 個

作り方

❶ 新ごぼうが出ると太すぎないものを選び、包丁で皮をこそぎおとします。新しいものは皮も柔らかいため、皮を剥かず水で洗うだけにします。皮には栄養分がたくさん含まれています。

❷ 斜めに切り容器に入れ、つけ汁を作り沸かした後、十分冷まして注ぎます。2～3 日間隔で沸かして冷まし注ぐことを2～3回繰り返します。その間、色が付き、味がしみ込んだら取り出して食べます。

漬物のコツ❸

様々な味の漬物は長い時間自然熟成と発酵を経て有害な成分が消え、体によい成分だけが残ります。私たちの健康を守るこの自然健康食品を、今は世界の人々が注目しています。

しかし、塩辛い料理が健康を害するということで、体に悪いとされていた時期もありました。確かに、昔私の母の時代は、漬物は塩辛いものでした。漬物用のテンジャンは最初から塩辛く作りました。食べ物が貴重な時代だったので、長く保存して食べるためには仕方なく塩辛く作ったのでしょう。

しかし、時代も変わり口に合う味も変わったので、作り方を少し変えて漬物が持っている本来の発酵の味と栄養を存分に楽しみつつ健康を保つべきです。

漬物の特性上、ある程度塩辛くはなりますが、しょう油やテンジャン、コチュジャンでヤンニョムを作るときには昆布だしを入れて、塩気をある程度調節します。

干したスケトウダラの頭や肉でだしを取って入れる家もありますが、わが家では旨味のある昆布だしを入れて塩辛くない漬物、長く保存して食べても味が変わらないおいしい漬物を作ります。

つけ汁を取り出して何回も沸かしては注ぐのは、正直手間がかかりますが、そうすることで材料から出た水分を飛ばすことができます。材料の水分を十分抜くことができれば、365日保存して食べても味が変わらない、心強い常備菜ができるのです

日本に暮らす読者のために

な　すんじゃ（料理研究家）

朝鮮半島の人々とキムチ

「何はなくともキムチさえあれば、なんとかなる」と、朝鮮半島の人々は昔から季節の野菜や山菜をキムチにして保存してきました。物が豊かになった現代でもキムチが作り続けられているのは、口に合った美味な味覚であるということと、乳酸菌、ビタミン、有機酸などを豊富に含んでいる完成度の高い栄養食品だからです。

キムチの役割は、日本のお漬物のように最後の〆に少しというものではなく、メインの料理や副菜をより美味しく食べるためのもので、最初から最後まで食卓に並びます。お酒がでる場合は、お酒にあったキムチも用意します。また、麺やお粥、汁ものにもそれぞれ決められたキムチがあります。たとえばソルロンタンには、カトゥギといったように。「キムチ無しの食事は存在しない」のです。

キムチに使う野菜

キムチに使われる白菜や大根、葱などの野菜類は、日本とは形や味わいが違うものがあります。また、間引いたものや、まだ若いものなど生育途中の段階でも適宜収穫して、キムチや生食などで楽しみます。

白菜

キムジャンキムチに使う白菜は、日本のものに較べて全体に小ぶり。水分は少なく、繊維は多いですが葉は柔らかいのが特徴です。キムチに適した大きさは2kgから2・5kgのもの。

白菜の一種山東菜は、日本の関東地域のものに似ていますが、韓国のものの方が柔らかく、キムチ、汁物、ナムルに使われています。

ポムドンは、葉は巻き込まないで畑に広がったままの状態のもの。アルベチュは、葉は巻き込み始めていますが、５００gほどに育ったもの。他に外葉や芯に近い黄色い葉など生育途中のもののも使います。

大根

大根は、日本のもののように細長いものではなく、ずんぐりと丸い形。白菜と同じように生育途中のもので、さまざまなキムチを漬けます。

ヨルムキムチは、大根の間引き菜。春もの大根は4月末から5月、秋ものは8月から9月に出回ったものを使って漬けます。

トンチミ用は、６００gぐらいに成長した小ぶりの大根を使います。チョンガクキムチ用は、くびれがある10㎝長さほどの固くて水分が少ない大根。葉も一緒に漬けます。

わけぎ

日本のものより細くて短く、関東で出回るわけぎ1本は、韓国産の3から4本にあたります。関西のものなら2から3本。比較的優しい風味です。

キュウリ

私たちが見慣れている青いキュウリは韓国では主流ではなく、生食、キムチなどには「白キュウリ」を使います。青いものに較べて長くて太く、目方も約倍。最近、韓国のデパートでも青いキュウリを見かけるようになりました。

なす

なすは日本の長なすと同じで、長くて細くて柔らか。生食やキムチに適しています。

日本のように種類は多くはありません。

ニラ

ニラも生育段階でさまざまに使います。日本のものと違って丈は短く、細くて柔らか。優しい風味です。薬味としてだけでなく、生、キムチ、炒めたり煮たりと多様に使います。

カラシナ

日本のものよりも少し小ぶりで、それほどの辛味はありません。赤カラシナは青カラシナより香りが強く、色もよく出るために白菜キムチの副材料として欠かせません。青の方は、トンチミや白キムチの副材料として使われます。また、カラシナだけのキムチも人気があります。

唐辛子

乾燥唐辛子

種類は大きく分けて、辛いものと辛くないものの2種。

粉の挽き方は、大粗、中粗、粉（パウダー）の3種。挽き方によって使い方も違います。また、乾燥した種はキムチやスープの辛味付けに。糸唐辛子はキムチや料理の飾りに。

生唐辛子

生食や焼いたり煮たり、薬念などに使う唐辛子は青と赤の2種あります。生の赤唐辛子は飾りの他に、本書で使われているように、乾燥粉唐辛子と混ぜると生の甘みが味を深めます。

ヤンニョムに使うもの

本書で使われている調味料で手に入りにくいものは、次ぎのもので代用すれば近い味に仕上がります。

チンカンジャン

濃い口醤油。たまり醤油など刺身醤油は適しません。

クッカンジャン

淡口醤油。

テンジャン

仙台味噌のように、甘みのない味噌。

アミの塩辛

イカの塩辛。ただしそのままではなく、アミに似せて細かく切ります。また、キムチによっては、切ったイカの塩辛を少量の水で煮、その煮汁を使います。

イワシのエキス

日本にもある魚醤（いしるなど）やナンプラーを、量を調整して使います。

太刀魚・カニ・イシモチの塩辛

アミの塩辛やイワシのエキスを増やすことで補うことができます。

粉唐辛子

日本産のものは、韓国産に較べて相当辛いので、量を調節します（味の素から発売された韓国産の粉唐辛子は、辛すぎず風味もまああります）。

コチュジャン

デパートやスーパーでも手に入ります。いろいろ試して、自分好みの味をみつけてください。

生の赤唐辛子

辛味に使うためなら、青い辛味唐辛子で代用できます。飾りのためなら、赤ピーマンを。

地方別キムチの特徴

キムチは日本のお雑煮と同じく、家の数だけ種類があると言われています。とは言っても、使う材料や調味料は身近なものを使うわけですから、おのずと地方色は出てきます。

京《キョン》畿《ギ》道《ド》（朝鮮半島の中心。ソウル含む）

肥沃な平野の地と海の幸に恵まれ、山間部の山菜類も豊富。味つけは塩辛くなく、香辛料もあまり効かせません。見た目を重視するために、材料を小さく切るのが特徴の一つ。

忠《チュン》清《チョン》道《ド》（京畿道の南）

三大穀倉地帯の一つといわれるだけあって、肥沃な平野と穏やかな気候の地。海・川の幸にも恵まれています。塩辛類はよく使いますが量は少なめで、淡泊で素朴な味わいに仕上げます。

江《カン》原《ウォン》道《ド》（京畿道・忠清道の隣）

東海に面しているので、旨味にはいわしエキスやアミの塩辛ではなく、新鮮なイカや干したスケトウダラを使うのが特徴です。

全《チョル》羅《ラ》道《ド》（韓国の西南部）

気候が温暖で穀物と海産物、塩辛類が豊富。薬念に塩辛や唐辛子をたっぷり入れるので、ピリッと辛く刺激的、かつ旨味の濃い味に仕上げます。

慶《キョン》尚《サン》道《ド》北（忠清道の隣）

中心地の一つ安東《アンドン》地域は、学者や両班《ヤンバン》を多く輩出した地故か、材料をふんだんに使わず、タチウオやひしこの塩辛を使う簡素な味のものが好まれてきました。

慶尚道南（全羅道の隣）

海に面した釜山、晋州地域を含み、海産物が豊富な地。塩辛類を多量に使うため、腐敗防止の塩と唐辛子も多めに入れて漬けます。そのため、辛くて味の濃いキムチになります。

済《チェ》州《ジュ》島《ド》

新鮮な魚貝類に恵まれた地なので、生きたアワビやカキなどをキムチに入れます。ただし日持ちがしないので、長期保存用ではなく、短期で食べ切ります。

朝鮮半島の北部

黄海道の気候は京畿道に似ていますが、平安道、威慶道は厳しい寒さの地域。塩をあまり使わず、淡泊で辛くないのが特徴です。

Japanese language edition arranged with Joongang Books
through CREEK&RIVER KOREA Co., Ltd. and CREEK&RIVER Co., Ltd.

◉**著者について**

カン・スニ（姜順義）

ふつうの主婦だったが、料理の腕が評判となり、さまざまな大会で「キムチの女王選抜大会優秀賞」「文化体育部大臣最優秀賞」「伝統料理復活賞」など、多くの賞を受賞した。ソウルの農業技術センターで「キムチ技能保有者」として指定され、淑明女子大学食品栄養学科専任教授としても活躍。現在、伝統料理技能教育所として認定された五浦の家で、毎週全国から訪れる人に長年培った技術を伝授している。日本のテレビでもたびたび取り上げられている。

◉**訳者について**

チョウ・ミリヤン（趙美良）

一九七九年韓国ソウル生まれ。翻訳家。ソウルで大学を卒業し、カナダと日本で語学を学ぶ。日本人男性に、つきあって三カ月で逆プロポーズし、結婚。現在は昔からの夢だった翻訳をしながら、がんばって日本の文化になじもうと鋭意努力中。その日々を描いた「わが家の闘争 韓国人ミリヤンの嫁入り」（ミシマ社）がある。

キムチの四季
――ハルモニが伝える韓国家庭料理の真髄

2013年11月30日　第1版第1刷発行

著者　カン・スニ
訳者　チョウ・ミリヤン
発行所　株式会社亜紀書房
郵便番号101-0051　東京都千代田区神田神保町1－32
電話 03-5280-0261　http://www.akishobo.com
振替 00100-9-144037
印刷　株式会社トライ　http://www.try-sky.com

装丁　矢萩多聞
カバー・扉絵　宋性黙
写真　Studio 707　リュ・チャンヒョン

Printed in Japan. ISBN 978-4-7505-1333-1　C0077
乱丁本、落丁本はおとりかえいたします。